TÉCNICAS DE ESTUDIO
PARA SECUNDARIA
Y UNIVERSIDAD

Miguel Salas Parrilla

TÉCNICAS DE ESTUDIO PARA SECUNDARIA Y UNIVERSIDAD

Alianza Editorial

Primera edición en «El libro de bolsillo»: 1990
Segunda reimpresión: 1992
Segunda edición (corregida y aumentada): 1993
Tercera reimpresión en «El libro de bolsillo»: 1997
Primera edición en «Área de conocimiento: Ciencias sociales»: 1999
Séptima reimpresión: 2010
Primera edición en «Libros singulares»: 2012

Reservados todos los derechos. El contenido de esta obra está protegido por la Ley, que establece penas de prisión y/o multas, además de las correspondientes indemnizaciones por daños y perjuicios, para quienes reprodujeren, plagiaren, distribuyeren o comunicaren públicamente, en todo o en parte, una obra literaria, artística o científica, o su transformación, interpretación o ejecución artística fijada en cualquier tipo de soporte o comunicada a través de cualquier medio, sin la preceptiva autorización.

© Miguel Salas Parrilla
© Alianza Editorial, S. A., Madrid, 1990, 1991, 1992, 1993, 1994, 1996, 1997, 1999, 2000, 2004, 2005, 2008, 2009, 2010, 2012
Calle Juan Ignacio Luca de Tena, 15;
28027 Madrid; teléfono 91 393 88 88
www.alianzaeditorial.es
ISBN: 978-84-206-0837-2
Depósito legal: M.12.772-2012
Printed in Spain

SI QUIERE RECIBIR INFORMACIÓN PERIÓDICA SOBRE LAS NOVEDADES DE ALIANZA EDITORIAL, ENVÍE UN CORREO ELECTRÓNICO A LA DIRECCIÓN:
alianzaeditorial@anaya.es

Muchas universidades norteamericanas organizan cursos sobre la técnica del estudio. La mayoría de las investigaciones sobre la eficacia de tales cursos han demostrado que producen resultados positivos. Al principio, estos cursos sólo se daban a estudiantes difíciles, pero más tarde se comprobó que todos los estudiantes podrían beneficiarse de ellos y, en efecto, los mejores estudiantes sacaban más provecho...

HARRY MADDOX

Índice

Introducción 17

1. ¿Sabes estudiar? 21
   1. Los factores del éxito académico 21
      a) Aptitudes intelectuales 22
      b) Conocimientos previos 23
      c) Motivación 24
      d) Técnicas y hábitos de estudio 26
   2. Cuestionario de técnicas de hábitos de estudio 27

2. Factores ambientales 43
   1. Lugar de estudio 43
   2. Temperatura 46
   3. Silencio 46
      3.1. ¿Estudiar con o sin música? 47
   4. Iluminación 51
   5. Ventilación y calefacción 52
   6. Mobiliario y postura 53
      6.1. Mobiliario 53
      6.2. Postura 55

3. Factores internos 57
   1. Relajación 57
      a) La técnica de la contracción-relajación 59
      b) La técnica de la pesadez del cuerpo 61
   2. Atención y concentración 62
      2.1. Factores determinantes de la atención 62
         a) Determinantes externos 62
         b) Determinantes internos 64

2.2. Tipos de atención: involuntaria y voluntaria 66
2.3. La distracción y sus causas 67
　　a) Distractores externos 68
　　b) Distractores internos 69
2.4. La concentración. ¿Qué hacer para mantenerla? 70
3. Motivación 76
3.1. La importancia de la motivación en el estudio 76
3.2. Las razones por las que estudias 78
3.3. Técnicas para mejorar la motivación 79

4. EL MÉTODO: EL-SER 3 85
1. Exploración 86
1.1. Exploración del libro 86
　　a) Portada y tapa 87
　　b) Prólogo 89
　　c) Índice 89
　　d) Capítulo 90
1.2. Exploración de los apuntes 91
2. Lectura 92
2.1. Prelectura 92
2.2. Lectura comprensiva 92
　　a) Causas de la deficiente comprensión lectora 93
　　b) La caza de las ideas 94
3. Subrayado 98
3.1. Definición 98
3.2. ¿Cuándo subrayar? 98
3.3. ¿Qué subrayar? 98
3.4. Tipos de subrayado 99
　　a) Subrayado lineal 100
　　b) Con signos gráficos 100
　　c) El subrayado estructural 102
3.5. Ventajas del subrayado 103
4. Esquematización 104

4.1. Definición 104
 4.2. Ventajas del esquema 104
 4.3. ¿Cómo confeccionar el esquema? 105
 4.4. Tipos de esquemas 106
   a) De llaves 107
   b) Numérico 108
   c) De letras 109
   d) Mixto 110
   e) Simplificado 111
 4.5. Ventajas e inconvenientes de estos sistemas de
      esquematización 112
5. Resumen 113
 5.1. Definición 113
 5.2. ¿Cómo se hace un resumen? 114
 5.3. Ventajas e inconvenientes del resumen 115
6. Recordar 116
 6.1. Definición 116
 6.2. La importancia de recordar 118
 6.3. ¿Cuándo recordar? 118
7. Repaso 119
 7.1. El repaso como medio para combatir el olvido 119
 7.2. ¿Cuándo repasar? 121
 7.3. ¿Cuánto repasar? 122
8. Ejercicios de subrayado, esquematización y resumen 123

5. EL USO DE TÉCNICAS ACTIVAS 141
  1. Subrayar 143
  2. Hacer esquemas y gráficos 145
  3. Resumir 147
  4. Formularse preguntas e intentar resolverlas 147
  5. Resolver los ejercicios prácticos 149
  6. El uso de vídeo, diapositivas y ordenador 150
  7. Contrastar lo leído con otras fuentes de información 150

8. Charlar sobre el tema 152
9. Tomar notas 153
10. Aplicar reglas mnemotécnicas 154
11. Ventajas de las técnicas activas... 154

6. LOS APUNTES 157
   1. Los apuntes de clase... 157
      1.1. Saber escuchar 158
      1.2. ¿Dónde tomar los apuntes? 159
      1.3. Amplitud de los apuntes 161
      1.4. ¿Cómo detectar las ideas importantes?..................................... 165
      1.5. Utilización de las abreviaturas 166
      1.6. Terminología de los apuntes 167
      1.7. Revisión de los apuntes 168
      1.8. Ventajas de tomar apuntes.. 169
   2. Los apuntes de los libros.. 172
      2.1. ¿Cómo tomar apuntes de los libros? 173
      2.2. ¿Dónde tomar las anotaciones? Las fichas................................ 174

7. LA MEMORIA: ¿CÓMO MEJORAR SU RENDIMIENTO?... 177
   1. Definición 177
   2. Tipos de memoria.. 178
      2.1. Según el sentido utilizado en la percepción 178
      2.2. Memorias mecánica y significativa 179
      2.3. Según el grado de profundidad 180
         a) Memoria de ahorro 180
         b) Memoria de reconocimiento 180
         c) Memoria de recuerdo 181
      2.4. Según su duración 182
         a) Memoria a Corto Plazo 182
         b) Memoria a Largo Plazo 182
   3. Mnemotecnia.. 183
      3.1. Organización lógica del material a retener 184
      3.2. Historietas 185

3.3. Acrósticos 186
3.4. Versificación 187
3.5. Equivalencia cifras-consonantes 188
3.6. Empleo de la memoria visual 190
    a) El esquema 191
    b) Gráficos y diagramas 192
3.7. Técnica de los lugares 192
3.8. Técnica de la cadena 193
3.9. Vivencia del tema 195
3.10. Interés por el tema 195
3.11. Repaso planificado 197
3.12. Comprensión 199
3.13. Simplificación 199
3.14. Disposición de los *ítems* según su dificultad 200
    a) Interferencias 200
    b) Rendimiento 201
3.15. Establecimiento de marcos de referencia 202
4. El olvido 202
    4.1. El olvido y sus causas 202
    4.2. La función del olvido 206

8. ¿CÓMO PREPARAR Y REALIZAR EFICAZMENTE LOS EXÁMENES? 207
1. Antes del examen 208
2. Durante el examen 215
    2.1. El examen escrito tipo ensayo 215
    2.2. Las pruebas objetivas 222
        a) Pruebas de enlazar 223
        b) Pruebas de verdadero o falso 224
        c) Pruebas de completar 224
        d) Pruebas de elección múltiple 225
    2.3. Los exámenes orales 227
3. Después del examen 228

9. Planificación del estudio 231
    1. Ventajas de planificar el estudio 232
    2. Elementos a considerar en la planificación 233
        2.1. Distribución del tiempo a lo largo del día 233
        2.2. Distribución de las sesiones de estudio y de
              los descansos 235
        2.3. Número de materias y dificultad de las mismas 237
        2.4. Dificultad de la asignatura para el alumno
              y objetivos propuestos 238
    3. Características que ha de cumplir un buen horario 239
        3.1. Realista 239
        3.2. Flexible 240
        3.3. Revisable 240
        3.4. Personalizado 241
        3.5. Escrito 241
        3.6. Equilibrado 242
    4. Tipos de planes 243
        4.1. El plan a largo plazo 243
        4.2. Plan a medio plazo 244
        4.3. Plan a corto plazo 245
    5. ¿Cuándo estudiar? 247
        5.1. La horas más apropiadas 247
        5.2. Mantener el mismo horario 248
        5.3. Planificar las horas de estudio y repaso 248
        5.4. Planificación de exámenes y recuperaciones 249

10. Higiene mental 251
    1. Lucha contra la fatiga 251
    2. Ejercicio físico 254
    3. Sueño y descanso 256
    4. Relajación y respiración 259
    5. Alimentación 261
    6. Bebidas, tabaco y drogas 265

6.1. Las bebidas 265
   a) El alcohol 265
   b) La cafeína 267
6.2. El tabaco 268
6.3. Las drogas 268
7. Los medicamentos 269

APÉNDICE. CÓMO REALIZAR UN TRABAJO ESCRITO 273
Introducción 273
1. Elección del tema 276
2. Recopilación de la información 277
   2.1. Fuentes 277
   2.2. La consulta en la biblioteca 278
      a) Fichero por materias 279
      b) Fichero por autores 280
      c) Fichero de Clasificación Decimal Universal (C.D.U.) 281
      d) Catálogo diccionario 282
      e) Consulta a través del ISBN (International Standard Book Number) 282
      f) Consulta por ordenador 282
   2.3. Las fichas 283
      a) La ficha bibliográfica 283
      b) La ficha de contenido 286
3. Organización de la información y estructuración del trabajo 288
4. Redacción del trabajo 289
   4.1. Citas y notas 291
      a) Citas 292
      b) Notas 293
   4.2. Bibliografía y fuentes documentales 295
5. Presentación 297

BIBLIOGRAFÍA 301

Introducción

Si bien es cierto que la preocupación por las técnicas de estudio no es reciente –en el siglo pasado ya existieron publicaciones y desde la Antigüedad hubo interés por el conocimiento y desarrollo de las técnicas de memorización–, nunca como hoy se ha extendido tanto su difusión. Buena prueba de ello es la extensa bibliografía sobre el tema existente en nuestro idioma.

La masificación de la educación, el problema planteado por el elevado número de alumnos con fracaso escolar, el conocimiento científico de las leyes del aprendizaje y de la memoria y el deseo de utilizar estos conocimientos para mejorar el rendimiento académico del estudiante, han dado lugar al auge de estas técnicas y a la proliferación de libros y cursos que anuncian mejorar el rendimiento escolar del alumno.

Dentro del elenco bibliográfico, el presente libro pretende ser distinto, aun coincidiendo con lo publicado en muchas de las ideas sobre los temas analizados. No pretende moralizar ni sermonear al alumno, dándole consejos sobre su comportamiento como persona de provecho, ni tampoco promete éxitos deslumbrantes; sólo pretende adiestrarle en el manejo de una serie de técnicas y hábitos de estudio para lograr, a través de la práctica, una mejora paulatina, pero notoria, de su rendimiento intelectual y académico. La exposición que se hace de estas técnicas no se fundamenta en afirmaciones gratuitas, sino en argumentos contrastados por la experiencia o por los conocimientos teóricos y experimentales de la psicología y de la pedagogía.

Comparando el índice sistemático de este libro con el de otros de parecida temática, dos lagunas parece, a simple vista, que deja: técnicas de lectura rápida y de trabajo en equipo. Dado que el objeto del libro está centrado sobre las técnicas de estudio propiamente dichas, no nos hemos ocupado de las mencionadas porque, en realidad, no son técnicas de estudio, sino de trabajo intelectual y cada una de ellas es, por sí sola, merecedora de un tratado sobre la misma, como lo demuestran las publicaciones monográficas existentes.

El presente libro se plantea como objetivos que el alumno sea capaz de:

- Conocer el influjo de las condiciones ambientales en el rendimiento intelectual y adaptarlas a su caso concreto.
- Concentrarse en el estudio.
- Encontrar argumentos para automotivarse a estudiar.
- Relajarse en los momentos de tensión, al ponerse a estudiar y ante un examen.
- Estudiar siguiendo un método que mejore su rendimiento académico.
- Conocer y usar técnicas activas de estudio.
- Prepararse adecuadamente para los exámenes.

- Utilizar la memoria sacándole todo el provecho posible.
- Tomar apuntes correctamente.
- Diseñar un horario a corto, medio y largo plazo que le facilite la tarea de estudiar.
- Conocer las normas de higiene mental.

Para lograr conseguir los objetivos expuestos, el lector no debe conformarse con conocer las técnicas descritas; ha de ponerlas en práctica según convenga al momento. Sólo la combinación teoría-práctica garantiza una mejora en el rendimiento intelectual y académico. No existen libros ni cursos sobre técnicas de estudio que por sí solos conduzcan al éxito buscado.

Doy las gracias a todas aquellas personas que con su ayuda contribuyeron a que este libro salga a la luz y, de manera especial, a los profesores Ángel Cervera Rodríguez y Fernando Javier Sánchez González, que corrigieron el original; al profesor Jesús Salas Parrilla, que introdujo en su ordenador datos y correcciones; a Ramón Arcos, que colaboró en la elaboración de algunos gráficos; al doctor Eugenio Sánchez Bastante, que revisó el capítulo 10; y a mis alumnos, que en los muchos años de mi dilatada experiencia docente me han enseñado lo que no viene en los libros. A todos ellos, gracias.

Madrid-Almarcha-Cercedilla, 1987-1990-2012

1. ¿Sabes estudiar?

1. LOS FACTORES DEL ÉXITO ACADÉMICO

¿Por qué un alumno suspende y su compañero saca sobresalientes? A esta vieja pregunta la sabiduría popular ha pretendido dar respuesta con epítetos acuñados: «este chico es inteligente, torpe, empollón, vago, estudioso, listo...», adjetivos que destacan alguna de las cualidades que se relacionan con el fracaso o el éxito escolar. Pero esa explicación científicamente es insuficiente e incluso errónea en muchos de los casos.

Sin pretender hacer un recuento exhaustivo de la multitud de factores que inciden directa o indirectamente sobre el rendimiento académico, hay que decir que éste depende, en un alto grado, de cuatro factores: aptitudes intelectuales, conocimientos previos, motivación y aplicación de técnicas de estudio adecuadas.

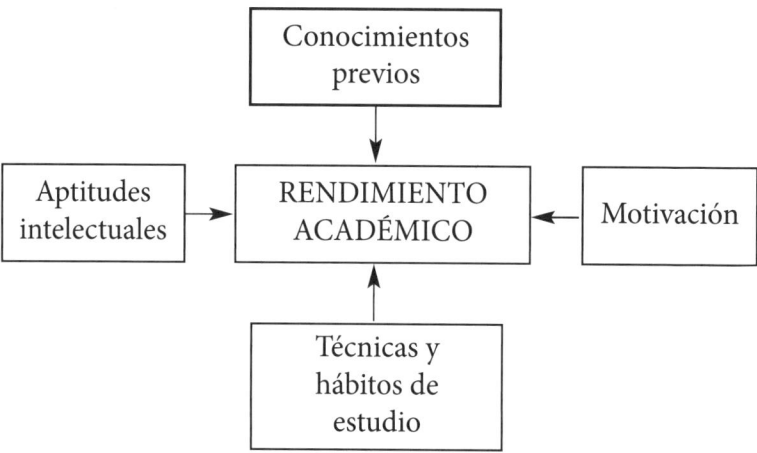

FIGURA 1.1. Principales factores que intervienen en el rendimiento académico.

a) *Aptitudes intelectuales*

Es indudable que la inteligencia se correlaciona altamente con el éxito escolar. En igualdad de condiciones, el alumno «inteligente» sacará mejores notas que sus compañeros; pero ésta es una verdad a medias. Además del factor «g» o inteligencia general, existen los denominados «factores específicos» –razonamiento verbal, espacial, abstracto, numérico, etc.– que te dotan de manera especial para el estudio de determinadas carreras. A través de un gabinete de orientación puedes conocer el estado de tus aptitudes intelectuales y saber en cuáles destacas y en cuáles te sitúas por debajo de la media de los alumnos de tu edad y de tus estudios.

El conocimiento de tus capacidades intelectuales es importante para orientarte en la elección de tus estudios o de la carrera que vas a seguir. Si escoges una para la cual estás especialmente dotado, con poco esfuerzo obtendrás grandes logros. Pero si te empeñas en realizar estudios que requieren un tipo específico de inteligencia de la que no estás bien dotado, lo lógico es que vayas de traspiés en traspiés, a pesar de los grandes esfuerzos realizados.

b)   Conocimientos previos

Una de las principales causas del fracaso escolar es la falta de una base sólida de conocimientos por parte del alumno, la cual se ma-

FIGURA 1.2. Los conocimientos previos favorecen el rendimiento académico.

nifiesta claramente en los primeros cursos de cada nuevo ciclo y en los alumnos repetidores o con asignaturas pendientes. El porcentaje más elevado de suspensos suele darse en los primeros cursos de un nuevo ciclo, porque los profesores parten de conocimientos básicos, que suponen asimilados, y exigen a partir de ellos. Cuando en el primer curso sube el nivel de exigencias, si los conocimientos no son firmes, el alumno no llega a entender los nuevos contenidos, se desmotiva y fracasa.

Los alumnos con asignaturas pendientes también suelen tener problemas para seguir la marcha de sus compañeros y, especialmente, si las asignaturas pendientes son importantes o fundamento de las otras. Así, no es de extrañar que el alumno, que tiene pendientes de 2.º Matemáticas e Inglés, no rinda adecuadamente en esas asignaturas en el 3.ᵉʳ curso en el que está matriculado y que su rendimiento general se vea seriamente afectado.

c) Motivación

La inteligencia es muy importante para lograr el éxito en los estudios, pero no lo es todo. ¿Quién no conoce alumnos «inteligentes» que han repetido curso o han abandonado los estudios? Y, por el contrario, todos conocemos personas no muy inteligentes que, a fuerza de «machacar» y «machacar» han logrado terminar la carrera y ejercerla con éxito. Tan importante o más que la inteligencia es la motivación. La principal causa del fracaso escolar no es la falta de inteligencia, sino la falta de motivación, que se manifiesta a través del desinterés, la apatía, el aplazamiento para mañana o para el último momento de las tareas que se han de realizar hoy, la escasa participación del alumno en la dinámica de la clase, etc. Este fenómeno suele manifestarse, principalmente, en los primeros cursos de Secundaria y de la Universidad, cuando el maestro y los padres han dejado de controlar directamente el trabajo del alumno y se le ha dejado solo, confiando en el correcto ejercicio de su responsabilidad, lo que no siempre ocurre. Múltiples son las causas de la baja motivación al estudio por parte del alumno: poca inquietud cultural en el hogar, escasa valoración de la influencia de los estudios en el éxito social, ambiente inadecuado, mayor atractivo de otras actividades más divertidas, escasa o deficiente incentivación...

FIGURA 1.3. Importancia de la motivación.

d) Técnicas y hábitos de estudio

Muchas veces ocurre que el alumno no presenta problemas intelectuales y, además, estudia, pero no obtiene los resultados académicos deseados e incluso fracasa. «¿Qué puedo hacer para aprobar?». Se pregunta. Probablemente el alumno esté empleando técnicas de estudio inadecuadas; de ahí el desfase entre trabajo y rendimiento.

Si ése es tu caso, la lectura del presente libro –destinado a alumnos de Secundaria y Universidad– puede resultarte muy provechosa. Pero recuerda que la mera lectura de un libro de técnicas de estudio o la asistencia a un cursillo sobre las mismas no

FIGURA 1.4. Eficacia y técnicas de estudio.

garantiza los resultados. Para sacarles provecho no basta con leerlas o conocerlas, han de ser aplicadas.

La experiencia dice que cuando estas técnicas se aplican, la eficacia en el estudio aumenta de forma notoria. Puedes doblarla e incluso...

2. Cuestionario de técnicas de hábitos de estudio

Si deseas conocer cómo te hallas actualmente en hábitos y técnicas de estudio, rellena el cuestionario que se presenta. Es aconsejable que lo rellenes ahora y, también, un mes después de haberlo leído y haber puesto en marcha las técnicas recomendadas. Así podrás comprobar tus progresos.

Instrucciones

A continuación encontrarás 100 preguntas sobre técnicas y hábitos de estudio. Responde a todas y a cada una de ellas rodeando con un círculo una de las tres alternativas posibles: **SI ? NO**.

— Si habitualmente realizas aquello que se te pregunta, rodea con un círculo el SI.
— Si no realizas lo que se te pregunta, rodea el NO.
— Si estás dudoso, no sabes contestar o sólo lo realizas alguna vez, rodea el signo ?

Corrección

Las respuestas correctas has de valorarlas con 1 punto y los interrogantes con 1/2.

Puedes valorar el cuestionario de dos formas diferentes:
— Si deseas obtener una valoración de conjunto, recuenta el número total de aciertos. Si has sumado menos de 60 puntos, has de valorarte con INSUFICIENTE; si sumaste entre 60 y 70, con BIEN; si sumaste entre 70 y 85, con NOTABLE, y si puntuaste por encima de 85, entonces tu manejo actual de las técnicas y hábitos de estudio es MUY BUENO; pero, aun así, puedes mejorarlo practicando las técnicas que se explican y recomiendan en los capítulos siguientes del libro.

— Si deseas conocer cómo estás en determinados hábitos o técnicas, valórate capítulo a capítulo; pasa la puntuación obtenida a las barras y halla tu gráfica personal uniendo los puntos de cada barra con una línea.

En el capítulo 4 «Técnicas de estudio» hay 20 preguntas, porque es el capítulo donde figuran las principales técnicas. Para poder pasar a las barras la puntuación obtenida en el mismo, has de dividirla previamente por 2.

CUESTIONARIO DE TÉCNICAS Y HÁBITOS DE ESTUDIO

Factores ambientales

1. ¿Estudias habitualmente en el mismo sitio, ya sea tu habitación personal o una biblioteca?   SÍ ? NO

2. ¿En la habitación donde estudias, hay una temperatura ambiental entre los 18 y los 22 grados centígrados?   SÍ ? NO

3. Cuando estudias, ¿sueles tener al lado un brasero o una estufa?   SÍ ? NO

4. Si estudias con música lenta, ¿el volumen al que la pones es inferior al de la música ambiental?   SÍ ? NO

5. ¿En tu habitación de estudio suele haber ruidos que te distraen: radio, televisión, tocadiscos, conversaciones...?   SÍ ? NO

6. Al estudiar, ¿empleas dos fuentes de luz: una ambiental y otra local que incide directamente sobre la mesa de estudio?   SÍ ? NO

7. Si eres diestro, ¿al estudiar te entra la luz por la izquierda?   SÍ ? NO

8. ¿Es lo suficientemente amplia tu mesa de estudio? SÍ ? NO

9. ¿Sueles estudiar sentado en butacas, sofás, camas, sillones...? SÍ ? NO

10. Antes de ponerte a estudiar, ¿preparas todo el material que vas a necesitar y quitas de la mesa lo que no vayas a utilizar? SÍ ? NO

Factores internos

11. Cuando te encuentras nervioso, ¿empleas alguna técnica de relajación antes de ponerte a estudiar? SÍ ? NO

12. ¿Te cuesta mucho concentrarte en los estudios? SÍ ? NO

13. ¿Te parece que los temas son aburridos en la mayoría de las asignaturas? SÍ ? NO

14. ¿Empleas alguna técnica para lograr concentrarte? SÍ ? NO

15. ¿Te marcas pequeños objetivos en los estudios para intentar automotivarte? SÍ ? NO

16. ¿Te concedes pequeños premios cuando cumples los objetivos planificados?   SÍ ? NO

17. ¿Te mantienes constante en el estudio, a pesar de la monotonía de algunos temas y de los distractores?   SÍ ? NO

18. ¿Te gusta estudiar?   SÍ ? NO

19. ¿Te distraes con facilidad cuando estudias?   SÍ ? NO

20. Antes de ponerte a estudiar, ¿procuras haber resuelto todos los asuntos pendientes o, en su defecto, haces una anotación de los mismos para después resolverlos?   SÍ ? NO

Técnicas de estudio

21. Antes de ponerte a estudiar un capítulo, ¿sueles echarle una ojeada por encima fijándote en títulos, gráficos, resúmenes, etcétera?   SÍ ? NO

22. ¿Tienes por costumbre leer el prólogo de los libros?   SÍ ? NO

23. ¿Buscas en el diccionario los términos que te resultan desconocidos?   SÍ ? NO

24. ¿Subrayas en la primera lectura?   SÍ ? NO

25. ¿Distingues con facilidad las ideas principales de las secundarias de un texto? SÍ ? NO

26. ¿En tus lecturas observas, con frecuencia, que te falta bastante vocabulario para comprender el texto? SÍ ? NO

27. ¿Sueles subrayar cuando estudias? SÍ ? NO

28. Cuando subrayas, ¿lo haces reseñando las palabras-clave? SÍ ? NO

29. Al subrayar, ¿utilizas algún procedimiento para diferenciar las ideas principales de las secundarias? SÍ ? NO

30. Cuando subrayas, ¿haces anotaciones en los márgenes? SÍ ? NO

31. ¿Sueles realizar un esquema de cada tema estudiado? SÍ ? NO

32. ¿Realizas tus esquemas sobre hojas de tamaño folio o DIN A4? SÍ ? NO

33. ¿Elaboras los esquemas de forma que se perciba claramente la estructura lógica del texto? SÍ ? NO

34. ¿Redactas los enunciados de tus esquemas de forma casi telegráfica? SÍ ? NO

35. ¿Elaboras alguna vez resúmenes de lo estudiado? SÍ ? NO

36. Cuando realizas un resumen, ¿tienes delante el texto subrayado y el esquema? SÍ ? NO

37. Después de haber estudiado un tema, ¿acostumbras a repetirlo mentalmente o en voz alta, sin mirarlo, para comprobar tu grado de memorización y para reforzar las huellas de la memoria? SÍ ? NO

38. ¿Repasas el tema estudiado en las 48 horas siguientes? SÍ ? NO

39. ¿Distribuyes los repasos a lo largo del tiempo?

40. ¿Sueles emplear conjuntamente el recuerdo y el repaso? SÍ ? NO

Técnicas activas

41. Al estudiar, ¿adoptas una postura pasiva limitándote solamente a leer y repasar? SÍ ? NO

42. ¿Realizas alguna síntesis visual de lo estudiado: gráficos, sinopsis, dibujos? SÍ ? NO

43. ¿Estudias formulándote preguntas? SÍ ? NO

44. ¿Tiendes a sintetizar en un solo esquema o resumen los datos que proceden de fuentes diversas? SÍ ? NO

45. ¿Sueles resolver los problemas y ejercicios prácticos que vienen al final del libro? SÍ ? NO

46. ¿Resuelves los problemas y ejercicios que manda el profesor para realizar en casa? SÍ ? NO

47. ¿Sueles estudiar relacionando los diversos temas y conceptos parecidos tratados en distintas asignaturas? SÍ ? NO

48. ¿Acostumbras a contrastar lo leído en el libro con otras fuentes de información? SÍ ? NO

49. ¿Acostumbras a charlar con tus compañeros sobre determinados temas de las asignaturas? SÍ ? NO

50. ¿Te gusta prepararte los temas para, una vez bien informado, intervenir en los debates que se hacen en clase? SÍ ? NO

Apuntes

51. ¿Acostumbras a tomar notas de las explicaciones que dan tus profesores en clase? SÍ ? NO

52. Durante la clase, ¿sueles distraerte, charlar con el compañero de al lado y desconectar de las explicaciones del profesor? SÍ ? NO

53. ¿Utilizas para los apuntes de clase cuadernos de tamaño cuartilla? SÍ ? NO

54. ¿Acostumbras a tomar en la misma hoja apuntes de dos asignaturas distintas? SÍ ? NO

55. Cuando tomas apuntes de clase, ¿intentas anotarlo todo? SÍ ? NO

56. ¿Sueles revisar en casa los apuntes, al poco tiempo de haberlos tomado? SÍ ? NO

57. Cuando tomas apuntes, ¿sueles mirar también al profesor y a las anotaciones en la pizarra? SÍ ? NO

58. Al tomar apuntes, ¿te suele ocurrir que pierdes el hilo de la exposición? SÍ ? NO

59. ¿Sueles dejar espacios en blanco en tus anotaciones de clase? SÍ ? NO

60. Cuando no entiendes una explicación, ¿acostumbras a preguntar al profesor? SÍ ? NO

Memoria

61. ¿Consideras que no hay que esforzarse en memorizar datos, que basta con comprenderlos? SÍ ? NO

62. ¿Acostumbras a ofrecerle datos a tu memoria visual a través de esquemas, gráficos...? SÍ ? NO

63. Cuando memorizas, ¿pretendes aprenderte todo al pie de la letra? SÍ ? NO

64. Cuando estudias, ¿organizas los datos para que estén relacionados entre sí y formen un todo lógico? SÍ ? NO

65. ¿Procuras organizar el material a retener a modo de historieta, en la que siempre hay un hilo conductor, y no como un conjunto de datos aislados? SÍ ? NO

66. ¿Alguna vez has memorizado características de algo formando una palabra con las iniciales de la palabras que has de memorizar? SÍ ? NO

67. ¿Recurres habitualmente al esquema como método para memorizar mejor? SÍ ? NO

68. ¿Organizas lo que has de estudiar, de forma que resulte interesante y comprensible? SÍ ? NO

69. ¿Sueles memorizar conceptos sin haberlos comprendido previamente?   SÍ ? NO

70. ¿Sueles memorizar los temas, sólo en dos o tres días antes de examinarte?   SÍ ? NO

Exámenes

71. ¿Acostumbras a preparar tus exámenes en sólo dos o tres días con anterioridad a los mismos?   SÍ ? NO

72. ¿Planificas tus exámenes distribuyendo los repasos a lo largo del tiempo?   SÍ ? NO

73. La noche anterior al examen, ¿te quedas estudiando hasta altas horas?   SÍ ? NO

74. Antes de comenzar el examen, ¿haces una distribución del tiempo que has de dedicar a cada pregunta?   SÍ ? NO

75. ¿Sueles realizar un guión de cada pregunta antes de responder a la misma?   SÍ ? NO

76. ¿Sueles dejar unos minutos finales para revisar el examen?   SÍ ? NO

77. ¿Lees con atención las instrucciones del examen y te fijas especialmente en las palabras clave?   SÍ ? NO

78. Si te lo permite el profesor, ¿sueles comenzar tus exámenes por la pregunta que mejor te sabes? SÍ ? NO

79. Si apenas te queda tiempo para responder a una pregunta, ¿haces un esquema o resumen de la misma? SÍ ? NO

80. ¿Sueles responder telegráficamente a las preguntas? SÍ ? NO

Horarios

81. ¿Estudias, como mínimo, dos horas durante casi todos los días del curso escolar? SÍ ? NO

82. ¿Haces un plan de estudios semanal e intentas respetarlo? SÍ ? NO

83. Después de cada hora de estudio, ¿sueles descansar durante unos minutos? SÍ ? NO

84. En tu planificación de horarios, ¿sueles dejar algún tiempo extra para aprovecharte de él en caso de imprevistos? SÍ ? NO

85. ¿Estudias semanalmente, por lo menos, entre 15 y 21 horas? SÍ ? NO

86. ¿Procuras estudiar todos los días a las mismas horas? SÍ ? NO

87. ¿Sueles terminar en la hora prevista las tareas programadas? SÍ ? NO

88. ¿Distribuyes en varios días las horas que has de dedicar al estudio de unos temas? SÍ ? NO

89. ¿Procuras distribuir tus exámenes de forma que no coincidan dos en el mismo día? SÍ ? NO

90. ¿Distribuyes el tiempo de estudio según la importancia y grado de dificultad de las asignaturas? SÍ ? NO

Higiene mental

91. ¿Sufres, con frecuencia, fatiga física o psíquica? SÍ ? NO

92. ¿Haces ejercicio físico, como mínimo, dos días por semana? SÍ ? NO

93. ¿Duermes habitualmente en torno a las ocho horas diarias? SÍ ? NO

94. ¿Utilizas somníferos para conciliar el sueño? SÍ ? NO

95. ¿Sueles emplear una respiración lenta y profunda al estudiar?　　SÍ　?　NO

96. Tu alimentación es rica en grasas y dulces?　SÍ　?　NO

97. ¿En tu alimentación predominan los alimentos ricos en proteínas, vitaminas, fósforo y calcio?　　SÍ　?　NO

98. ¿Estudias frecuentemente después de comer?　SÍ　?　NO

99. ¿Bebes una copita de alcohol antes de ponerte a estudiar o durante el estudio?　　SÍ　?　NO

100. ¿Tomas al día más de cuatro tazas de té o café?　　SÍ　?　NO

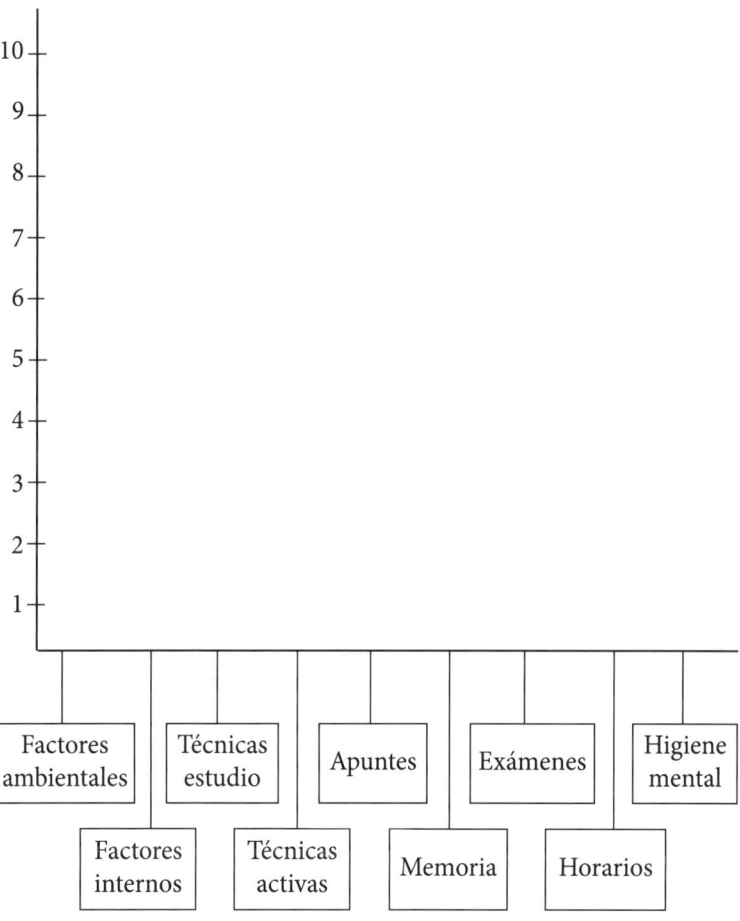

RESPUESTAS CORRECTAS

1. SÍ	26. NO	51. SÍ	76. SÍ
2. SÍ	27. SÍ	52. NO	77. SÍ
3. NO	28. SÍ	53. NO	78. SÍ
4. SÍ	29. SÍ	54. NO	79. SÍ
5. NO	30. SÍ	55. NO	80. NO
6. SÍ	31. SÍ	56. SÍ	81. SÍ
7. SÍ	32. SÍ	57. SÍ	82. SÍ
8. SÍ	33. SÍ	58. NO	83. SÍ
9. NO	34. SÍ	59. SÍ	84. SÍ
10. SÍ	35. SÍ	60. SÍ	85. SÍ
11. SÍ	36. SÍ	61. NO	86. SÍ
12. NO	37. SÍ	62. SÍ	87. SÍ
13. NO	38. SÍ	63. SÍ	88. SÍ
14. SÍ	39. SÍ	64. SÍ	89. SÍ
15. SÍ	40. SÍ	65. SÍ	90. SÍ
16. SÍ	41. NO	66. SÍ	91. NO
17. SÍ	42. SÍ	67. SÍ	92. SÍ
18. SÍ	43. SÍ	68. SÍ	93. SÍ
19. NO	44. SÍ	69. NO	94. NO
20. SÍ	45. SÍ	70. NO	95. SÍ
21. SÍ	46. SÍ	71. NO	96. NO
22. SÍ	47. SÍ	72. SÍ	97. SÍ
23. SÍ	48. SÍ	73. NO	98. NO
24. NO	49. SÍ	74. SÍ	99. NO
25. SÍ	50. SÍ	75. SÍ	100. NO

2. Factores ambientales

Desde los clásicos experimentos Hawthorne, la influencia de las condiciones ambientales en el rendimiento laboral ha sido muy estudiada y, hoy, se conoce bastante bien su influjo directo e indirecto sobre el mismo.

En el ámbito del rendimiento intelectual, aunque propiamente no son técnicas de estudio, los factores ambientales inciden directamente sobre el rendimiento psicofísico, al actuar sobre la concentración y la relajación del estudiante y crear un ambiente adecuado o inadecuado para la tarea de estudiar.

1. Lugar de estudio

En cualquier sitio (cafetería, parque, autobús, etc.) se puede estudiar, pero cualquier sitio no es el lugar más idóneo para el estudio. El mejor lugar es tu *habitación personal*, decorada según tus preferencias, donde te sientes cobijado y a la que debes procurar dotar de las condiciones de iluminación, silencio, temperatura, ventilación, etc., que favorezcan tu sesión de estudio.

FIGURA 2.1. Estudiar requiere un lugar adecuado.

Tu habitación (siempre la misma, a ser posible) ha de producir en ti una *asociación con el estudio,* de modo que nada más entrar en ella te sientas motivado a estudiar.

Pero esto no siempre es posible; a veces ocurre que por las condiciones adversas de ruido, iluminación, etc., se hace poco menos que imposible estudiar en casa. Si es ésa tu situación, busca una *biblioteca* lo más silenciosa posible, cerca de casa, y siempre la misma, para que asocies la entrada en la sala de estudio con la necesidad del mismo.

FACTORES AMBIENTALES

	Tu habitación	Biblioteca
	1............	1............
	2............	2............
Razones	3............	3............
	4............	4............
	5............	5............

FIGURA 2.2. Tu habitación y la biblioteca, dos buenos sitios para estudiar. ¿Dónde prefieres?

Algunos prefieren estudiar en bibliotecas, ya que el ambiente de estudio les estimula más a ello. Otros prefieren hacerlo en casa, en una actitud más íntima, y aducen que se concentran mejor.

FIGURA 2.3. Las bibliotecas estimulan a estudiar.

Ponerse a estudiar en un lugar extraño es más difícil, ya que las posibilidades de distracción aumentan al no terminar de «hacerte mentalmente con la sala de estudio».

2. TEMPERATURA

Para realizar un trabajo intelectual, se precisa una temperatura ambiental que puede oscilar entre *los 18 y los 22 grados centígrados*. Una temperatura excesivamente fría te pone nervioso y dificulta que alcances el grado de concentración que se requiere para el estudio. Por el contrario, una temperatura por encima de los 22 grados puede producir sensación de asfixia, sudor, somnolencia o intranquilidad y, como consecuencia, falta de atención.

La *distribución* del calor ha de ser *homogénea,* como en la calefacción por aire y en la central. En todo caso, el foco de calor no ha de estar cercano a la mesa de estudio, así evitarás los efectos de somnolencia que la irradiación del calor produce. Es mala costumbre estudiar con los pies encima del brasero o con la estufa al lado, en la espalda o enfrente.

3. SILENCIO

Los ruidos son distractores externos que dificultan la concentración al desviar la atención; de ahí la importancia de procurarte una *habitación sin ruidos* en la que no seas interrumpido ni molestado.

Los ruidos externos de la *calle* puedes atenuarlos utilizando doble ventana o buscando la habitación más silenciosa. Los ruidos internos de *casa* –voces, tocadiscos, radio, televisión, teléfono, lavadora, etc.– son los que más influyen en la distracción y los que, por todos los medios a tu alcance, has de procurar evitar durante el estudio. *Aléjate del salón,* del teléfono y de todo cuanto implique conversación, pues los ruidos con sentido distraen más que los ruidos sin sentido, aunque la realidad estimulatoria sea de menor intensidad. Así, notarás que te molesta más la conversación de dos vecinas que el ruido de un camión.

Si el nivel de ruidos ambientales es demasiado elevado y no puedes hacer nada para evitarlos, procura atenuarlos utilizando tapones en los oídos o poniendo la música ambiental recomendada.

3.1. ¿Estudiar con o sin música?

Esta pregunta la formulan muchos estudiantes. La respuesta que reciben varía según los autores. Frecuentemente se les dice que la música roba atención al estudio y que, por consiguiente, es perjudicial para el mismo. ¿Qué hay de cierto en todo esto?

Evidentemente, la *música vocal* actúa como un *distractor externo* al concentrar sobre ella la atención del estudiante, que sigue la letra o se fija en ella hasta terminar aprendiéndola. En la música instrumental puede actuar este factor, si el tema es pegadizo, o inhibirse si es monótono; pero las variables que hacen aconsejable o desaconsejable la utilización de una melodía son otras.

Experimentos realizados con vacas demuestran que, cuando se las somete a un medio ambiente con *música barroca,* dan más leche de la habitual en ellas; y que, si la música que escuchan es rock, su producción de leche baja. ¿Por qué este fenómeno? La música de rock pone en tensión a las vacas y, al contraerse los músculos, éstos dificultan la expulsión de la leche. Por el contrario, la música barroca relaja a la vaca y hace que toda la leche baje hacia el fondo de las ubres.

Experimentos realizados con plantas indican que con la música barroca éstas crecen más deprisa, echan raíces más profundas y se inclinan hacia la fuente musical; mientras que la música de rock destrozaba sus órganos internos y las plantas terminaban secándose.

Si el empleo de la música modifica el comportamiento de los animales, el de las plantas e incluso el de la materia inerte, ¿no influirá también en el comportamiento y rendimiento psicofísico de los humanos?

La música es un tipo de energía que, a través de sus ritmos, influye en los órganos de los seres vivos e incluso de la materia inerte y condiciona un tipo de respuesta. Desde muy antiguo se conocen y utilizan los efectos de la música sobre el ánimo humano, pues mente y cuerpo no son independientes, sino que se interrelacionan e influyen mutuamente. Así, el ritmo de las marchas militares se utiliza para encender el ánimo del guerrero, y la canción de cuna para relajar y dormir al pequeño.

Pero, si sabemos que la mente sólo se concentra en una actividad, ¿acaso no es un contrasentido escuchar música y estudiar al mismo tiempo? Si el ambiente ideal para estudiar es el de la concentración y ésta se ve favorecida por la relajación, todas aquellas técnicas que aminoren los ritmos mente-cuerpo y conduzcan a esa situación de concentración y relajación estarán proporcionando el ambiente ideal de estudio. Según Sheila Ostrander, existe un tipo de música lenta que contribuye a crear en el alumno un clima de *concentración relajada,* estado psicofísico en el que debe situarse el estudiante para lograr el óptimo rendimiento intelectual.

FIGURA 2.4. El ritmo musical influye en el comportamiento de los seres vivos.

Esta música se caracteriza porque su ritmo gira en torno a los *60 tiempos en compases de 4 × 4 por minuto*. Los «adagios» –entre 66 y 76 tiempos por minuto–, los «larghettos» –entre 60 y 66–, y especialmente los «largos» –entre 40 y 60– son las composiciones musicales que reúnen estas características.

¿Podemos sustituir esta música instrumental por cualquier otra? Depende. La música instrumental del *barroco*, de *ritmo lento*, no es sólo una simple música de fondo ni tiene que ver con los gustos personales; sino que, al aminorar los ritmos biológicos: presión sanguínea, pulso, respiración, ondas cerebrales, etc., provoca el deseado estado psicofísico de *«concentración relajada»*. Si utilizáramos otros tipos de composiciones musicales –como «allegro», de 120 a 168 tiempos por minuto, o «andante», de 76 a 108–, los efectos serían contraproducentes, pues producen en el sujeto un estado de excitación, más elevado del que se requiere para el estudio, y le desconcentrarían.

En resumen, la música de compositores del *Barroco* (Bach, Corelli, Haendel, Telemann, Vivaldi, Albinoni, etcétera), con un *ritmo lento*, en torno a los 60 tiempos por minuto, favorece el estudio y la memoria al producir en el sujeto un estado psicofísico de concentración relajada. Las composiciones en las que predominen otros movimientos pueden perjudicar el rendimiento en el estudio. La música vocal actúa como un distractor que dificulta seriamente la concentración y el rendimiento en el estudio. Las composiciones de música clásica, que no sean del Barroco, es de suponer que, si se someten a las condiciones citadas, han de producir también efectos semejantes.

El volumen de la audición ha de ser bajo, inferior incluso al de la música ambiental, ya que, de otro modo, se correría el riesgo de que la música se constituyese en el principal foco de atención, y entonces sí disminuiría la concentración del estudiante, que terminaría atendiendo a la misma. No se trata, pues, de escuchar música y estudiar al mismo tiempo; la mente no ha de concentrarse en los temas musicales, pues el objetivo de esta música de fondo no es atraer la atención sobre ella, sino influir sobre la mente y el cuerpo del estudiante aminorando sus ritmos biológicos, colocándole física y mentalmente en la situación ideal para estudiar.

4. Iluminación

La iluminación más aconsejable es la *natural;* pero, como no siempre podemos disponer de ella o no tiene la calidad necesaria, a veces necesitamos utilizar la artificial.

La luz ha de estar distribuida de forma *homogénea* y han de evitarse tanto los resplandores como los contrastes de luz y sombra.

Has de evitar estudiar sólo con luz ambiental, sea ésta de origen directo o indirecto, ya que es demasiado tenue y crea sombreados que terminan causando cansancio ocular. También debes evitar estudiar con la sola luz de tu lámpara de mesa, pues –aunque puede concentrarse más– establece un contraste demasiado grande con la sombra del resto de la habitación y eso puede dañar tu vista. Lo ideal es que *combines* la adecuada *iluminación general* de tu habitación con la *iluminación local* de una lámpara de mesa de unos 60 W como mínimo, que ilumine directamente lo que estás haciendo. Si el resplandor de la bombilla de la lámpara te molesta, puedes utilizar una bombilla azulada, una lámpara con una pantalla translúcida o con luz halógena. La relación entre ambas iluminaciones es aconsejable que sea de 3:1 a favor de la local.

Para evitar la formación de sombras, en los *diestros* la luz debe entrar por la *izquierda* y, en los zurdos, por la derecha.

5. Ventilación y calefacción

El aire de la habitación de estudio ha de ser renovado periódicamente –aproximadamente cada seis horas, si no fumas–, pues con el paso del tiempo se va cargando de anhídrido carbónico y va disminuyendo la cantidad de oxígeno que contiene, lo cual dificulta la oxigenación del cerebro. El aire viciado por el exceso de anhídrido carbónico desplaza al oxígeno de la sangre y produce cefalalgia, mareos, picor de ojos, nerviosismo, sensación de fatiga, etcétera. Si has llegado a esta situación, puedes dar un paseo por el parque para oxigenar a fondo tus pulmones, desentumecerte y relajarte.

La mejor *calefacción* es la central, pues distribuye *homogéneamente* el calor por la habitación. Las estufas de gas y los radiadores eléctricos tienen el inconveniente de producir somnolencia, si nos sentamos demasiado cerca de ellos.

Como la calefacción seca el aire, y esta falta de humedad suele causar problemas y molestias en las vías respiratorias, es aconsejable que utilices un *humidificador* para restablecer la humedad ambiental y evitar así dichas molestias.

6. Mobiliario y postura

6.1. Mobiliario

Mesa, silla y estantería constituyen el mobiliario básico del estudiante.

MESA. La mesa debe ser lo suficientemente *amplia* como para que puedas tener en ella: varios libros abiertos, los apuntes, diccionario, cartulinas, útiles de dibujo, etc. Así evitarás muchas interrupciones, para buscar material, que te hacen perder tiempo y concentración.

La altura ideal de la mesa debe estar en relación con la altura de la silla y la del estudiante, de forma que las *piernas formen un ángulo recto* y los pies descansen en el suelo. Una mesa demasiado alta o demasiado baja produce incomodidad y da lugar a la distracción.

SILLA. Debes huir de sillones y tresillos demasiado cómodos, pues terminan produciendo adormecimiento. La silla ha de tener una altura que permita mantener los pies en el suelo, las rodillas dobladas y las piernas formando un ángulo recto. Las sillas de comedor no suelen ser las más adecuadas para el estudio. Las modernas sillas de oficina, anatómicas y regulables en altura, son más adecuadas.

ESTANTERÍA. Cerca de la mesa debes tener una pequeña estantería; en ella debes reunir los libros, cuadernos, apuntes y diccionarios que utilizas a diario. No debes tener tus libros distribuidos por toda la casa, ello te obligaría a perder tiempo y concentración siempre que los necesites y hayas de desplazarte a otra habitación.

FIGURA 2.5. El estudio requiere condiciones adecuadas.

6.2. Postura

La mejor forma de estudiar es *sentado* en una silla, junto a una mesa proporcionada, con la *espalda recta*, las piernas formando ángulo recto, los pies en el suelo, los antebrazos encima de la mesa y la cabeza y parte alta de la espalda ligeramente inclinadas hacia adelante.

Debes *huir de las actitudes demasiado cómodas,* como sentarse en sillones, sofás, camas y tumbonas, pues favorecen poco el uso de técnicas activas –subrayar, esquematizar, dibujar, etc.– y producen somnolencia. También debes controlar la postura para evitar futuras lesiones de columna.

La distancia ideal entre los ojos y el libro es de unos 30 cm, manteniéndose éste perpendicular a la visual. La utilización de un atril o, en su defecto, de una pila de libros para apoyar el libro de estudio, disminuye la fatiga y facilita el mantenimiento de la postura correcta, pues la distancia desde el escrito hasta los ojos se mantiene constante.

No es recomendable que estudies paseando, te será más difícil concentrarte, subrayar, contrastar, etc. Mientras paseas puedes aprovechar para recordar o para diseñar tus planes de estudio a corto plazo.

3. Factores internos

Todos los factores internos contribuyen al rendimiento intelectual del alumno, pero la tríada *relajación-concentración-motivación* destaca por encima de todos ellos, hasta el punto de que si faltan o se dan en pequeño grado, el rendimiento académico del alumno se verá seriamente afectado; y, cuando se dan en alto grado, son un factor importantísimo del éxito en el estudio, incluso por encima de las aptitudes intelectuales.

1. Relajación

Uno de los peores enemigos del estudiante es la *ansiedad* y los ritmos elevados de activación mental y corporal, ya que dificultan la grabación memorística y el recuerdo. La concentración exige tranquilidad de ánimo; por ello, has de aprender a *relajarte* para comenzar el estudio en una actitud de «concentración relajada», que es el estado ideal para rendir al máximo durante el mismo.

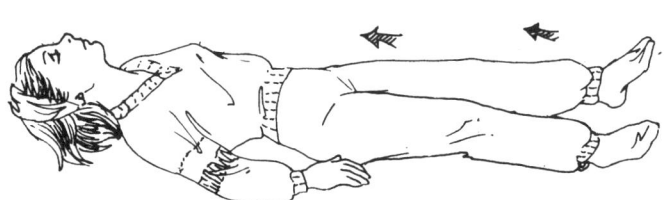

FIGURA 3.1. Técnicas de relajación antes de ponerse a estudiar.

¿Cómo conseguir relajarse? Ésta es una vieja preocupación, de la que ya se ocupó el yoga hace miles de años y diseñó técnicas para lograr conseguirlo. En nuestros días, estudiosos como Schultz, Jacobson, etc., han diseñado *técnicas* inspiradas en el yoga y en el conocimiento del funcionamiento del cuerpo humano para aplicarlas a diferentes ámbitos tales como deportes, medicina, psicología, etc. Aquí se exponen dos de las más importantes, ensaya con ellas y practícalas, pronto observarás cómo lograr relajarte con facilidad. En sólo unos minutos de relajación puedes eliminar más fatiga y ansiedad que durante horas de sueño.

a) La técnica de la contracción-relajación

Cuando te encuentras nervioso, algunos *músculos* de tu cuerpo están tensos. Si pudieras tomar conciencia de ellos, lograr *identificarlos y destensarlos,* conseguirías el estado opuesto, el antídoto de la ansiedad, esto es, la relajación.

La técnica consiste en que logres tensar voluntariamente los músculos de tu cuerpo, para después destensarlos y relajarlos. Cuando hayas terminado de relajar la totalidad de los músculos del organismo, te hallarás inmerso en una sensación de relajación.

Siéntate cómodamente en una silla, sillón o sofá; afloja la ropa; desperézate y, después, colócate en la posición correcta: las piernas separadas, las manos sobre los muslos o sobre el posamanos del sillón y los ojos cerrados. Haz tres inspiraciones lentas y profundas antes de empezar.

El ejercicio que vas a realizar consta de cuatro tiempos en cada músculo:

1.º Tensar el músculo al máximo, aproximadamente durante cuatro segundos.
2.º Tomar conciencia de la tensión de dicho músculo.
3.º Destensar el músculo al máximo, aproximadamente durante ocho segundos.
4.º Tomar conciencia de la agradable sensación de relajación que se está produciendo en dicho músculo.

Comienza contrayendo y relajando los dedos de los pies y continúa con los músculos de las pantorrillas, muslos, abdomen, estómago, espalda, hombros, pecho, cuello y mandíbula; aprieta los dientes, cierra los ojos, arruga los labios, la nariz y la frente, y termina con los brazos: cierra y aprieta el puño, después tensa los músculos del antebrazo y finalmente los del brazo.

Cuando hayas terminado de relajar todo el cuerpo, puedes volver sobre los músculos que se hayan tensado de nuevo. Tensa luego todos los músculos de tu organismo a la vez, desde los pies a la cabeza, y desténsalos todos. Cuando termines, observarás que una gran sensación de relajación te domina. Profundiza en ella a través del siguiente ejercicio: imagínate que al inhalar respiras energía positiva y que ésta te inunda y se va extendiendo por todo tu cuerpo, mientras que, al espirar, expulsas energía viciada y con ella tus preocupaciones y ansiedades. Esta imaginación se corresponde bastante con la realidad: al inspirar tomas aire cargado de oxígeno y al espirar lo expulsas cargado de anhídrido carbónico. Después de unas cuantas respiraciones lentas y profundas habrás logrado un alto grado de relajación. Durante la espiración, puedes pronunciar mentalmente la palabra RELAX, así lograrás retardarla; ten en cuenta que el tiempo de la espiración debe ser el doble que el de la inspiración.

b) *La técnica de la pesadez del cuerpo*

Esta técnica tiene el inconveniente con respecto a la anterior de que ha de practicarse tumbado de espaldas sobre el suelo, sobre un sofá, sobre la cama, etc.

Estírate, bosteza, retuércete y voltéate hacia un lado y hacia otro; observarás que estás liberando gran cantidad de energía y que te sientes más aliviado al terminar de hacerlo. Estira tus piernas y tus brazos, procura no moverte, deja el cuerpo laxo, desconecta tus músculos de la actividad.

El ejercicio consiste en experimentar la sensación de pesadez en todo tu cuerpo, pero procediendo metódicamente. Comienza con los pies: imagínate que se hacen pesados, cada vez más pesados; imagínate que el suelo es un gran imán que los atrae y que éstos tienden a fundirse en un solo elemento con él. Continúa con tus pantorrillas, rodillas, muslos, cadera, abdomen, estómago, espalda, diferentes partes del rostro, antebrazo, brazo, hombros y de nuevo toda la cabeza. Haz un segundo repaso imaginando lo mismo con unidades mayores, por ejemplo: toda la pierna, todo el brazo, toda la cabeza, etc.; y, por último, imagina la pesadez de todo tu cuerpo como una unidad.

También puedes completar este ejercicio asociando a la inspiración la idea de que eres inundado por energía positiva y que liberas energía negativa cuando espiras. Si al inicio te parece que no consigues los objetivos previstos, considera que el dominio de la técnica lleva su tiempo; después de una semana de ejercitarla, observarás cómo mejoran los resultados. Para mejor aprenderla, puedes asistir a un curso de relajación o de yoga o pedir a un amigo que te dirija, leyéndote las instrucciones detalladas que encontrarás en cualquier libro especializado.

2. Atención y concentración

En cada segundo miles de datos son enviados desde los sentidos y desde el interior del organismo hasta el cerebro. Es imposible atender a todos ellos, necesitaríamos un cerebro inmenso para hacerlo, y, si fuera posible, sería perjudicial, ya que las asociaciones se realizarían sin control y el pensamiento organizado se vería impedido. La atención es *selectiva:* criba los datos, se queda con los pocos que le interesan y hace caso omiso de los demás.

Además es *exclusiva,* se centra solamente en un estímulo, ya que no es posible concentrar la atención en dos estímulos diferentes presentados simultáneamente. La apariencia de reparto de atención entre dos estímulos no es sino un desplazamiento que pasa de un estímulo a otro. Si estás leyendo y escuchando las noticias al mismo tiempo, no estás realizando los dos actos simultáneamente, sino que estás saltando de una actividad a la otra; por eso o no asimilas el contenido de lo leído o tardas más en realizar la lectura.

2.1. Factores determinantes de la atención

Si sólo podemos atender a un estímulo, ¿en virtud de qué razones atendemos a él y no a otros? Los factores explicativos de este carácter selectivo de la atención se aglutinan en dos grupos:

a) *Determinantes externos*

Son factores derivados de estímulos externos y llegan al sujeto a través de la percepción. Por su importancia para la publicidad y

	Externos	Internos
Determinantes de la atención	• Intensidad • Tamaño • Contraste • Movimiento • Novedad • Repetición	• Necesidades • Intereses • Hábitos • Expectativas

FIGURA 3.2. Factores determinantes de la atención.

la pedagogía han sido muy bien estudiados. Los principales son los siguientes:

- *INTENSIDAD*. Los estímulos más intensos tienden a destacar de los demás y a llamar la atención sobre sí mismos. Así, por ejemplo, cuando en un texto se emplea letra **negrita,** se pretende con ello que te fijes especialmente en esa palabra y la destaques del resto del texto.
- *TAMAÑO*. Los estímulos grandes también tienden a sobresalir y a llamar la atención más que los pequeños. Por eso, los CAPÍTULOS y los APARTADOS suelen escribirse con letras mayúsculas para reclamar tu atención sobre los mismos.
- *CONTRASTE*. Los estímulos que contrastan con la monotonía de lo que les rodea tienden a centrar sobre ellos la atención del lector o espectador. La **negrita,** los subrayados, los sombreados, los coloreados, las MAYÚSCULAS o los dibujos, cumplen esta función en los libros de texto.

- *MOVIMIENTO*. Los estímulos en movimiento destacan sobre los que permanecen en reposo; es el caso del ave que vuela y fácilmente es distinguida del resto del entorno por el cazador. Dice el refranero en este sentido: «ave que vuela, a la cazuela». En pedagogía los vídeos tienen esta ventaja sobre los textos escritos.
- *NOVEDAD*. Saturados de tener que vérnoslas todos los días con los mismos estímulos, se atiende a aquello que resulta novedoso. Así, si un profesor utiliza siempre la clase magistral y un día propone un debate o trabajar en pequeños grupos para responder a unas preguntas, es fácil que consiga de sus alumnos más atención a estas tareas que la que venían prestando a las clases habituales.
- *REPETICIÓN*. La repetición, hasta ciertos límites, es una de las claves de la atención y del aprendizaje. Como alumno, sabes que uno de los procedimientos que has de utilizar para memorizar datos es repasarlos varias veces. En publicidad se repite una y mil veces el mismo anuncio hasta que atrae la atención del oyente y, cuando éste ya lo conoce, las nuevas presentaciones actúan como un reforzante del mensaje.

b) Determinantes internos

Son factores que provienen del propio sujeto, por lo que se relacionan con su personalidad, expectativas, carencias, gustos, etc. Los principales son:

- *NECESIDADES* relacionadas con el estado del organismo. Un individuo hambriento tiende a captar estímulos relacionados con la comida; lo mismo ocurre cuando está sediento, tiene frío o

FIGURA 3.3. Se atiende a lo que interesa.

alguna de sus instancias biológicas está insatisfecha: los estímulos relacionados con esa necesidad tenderán a ser resaltados y a centrar la atención del sujeto sobre los mismos.
- *INTERESES PERSONALES.* Solemos atender a aquello que nos interesa. Así, en la lectura del mismo periódico, el aficionado a los deportes lo primero que mira son las páginas dedicadas a los mismos, mientras que el político destacará las que se ocupan de este tema. El alumno suele atender más en las clases de las asignaturas que le gustan y en las impartidas por el profesor que le cae bien.

Existen varios tipos de interés por las cosas: biológico, cultural, afectivo, etc. Cada persona tiene sus propios intereses, que

provienen de lo más profundo de su personalidad, educación y expectativas de futuro.
- *HÁBITOS.* Atendemos mejor a aquello a lo que nos hemos habituado a atender por profesionalidad, interés, necesidad, etc. Así, el profesor, cuando corrige, atiende a los datos del examen y distingue con facilidad los errores del mismo.
- *EXPECTATIVAS.* Solemos prestar atención a aquello hacia lo que estamos predispuestos. Así, si tu profesor de Matemáticas te habla varios días sucesivos de Literatura, es fácil que dejes de prestar atención a sus explicaciones, pues lo que esperas de él es que explique Matemáticas.

2.2. Tipos de atención: involuntaria y voluntaria

Según el sujeto realice o no un esfuerzo para atender a unos estímulos determinados, la atención puede ser:

Involuntaria. La causa de la reacción atencional del sujeto proviene de fuera: una tos en medio de la clase, el sonido del timbre, un grito, un destello luminoso, etc., provocan la atención automática e inconsciente del sujeto sin que éste se haya parado a pensar ni haya de realizar *ningún esfuerzo.* Es similar al reflejo de orientación de los animales ante un estímulo, se impone por sus características de intensidad.

Voluntaria. Las causas de la reacción provienen del propio sujeto, que ha de realizar *un esfuerzo* para seleccionar uno de entre los varios estímulos que le llegan, dejando al margen a los demás. Son las motivaciones del sujeto las que le conducen, en un acto de la voluntad, a atender a determinados estímulos y no a otros. Por ejemplo, cuando decides escuchar al compañero de al lado, que te

FACTORES INTERNOS 67

propone un plan para el fin de semana, en lugar de atender a las explicaciones del profesor.

2.3. La distracción y sus causas

La *distracción* consiste en el *desplazamiento de la atención* hacia otros estímulos diferentes a aquellos en los que estás ocupado. Ella es uno de los peores enemigos del estudio y la causa de tu bajo rendimiento, a pesar de haber dedicado muchas horas al estudio, y es que lo que cuenta no es el número de horas, sino la intensidad y concentración con que estudias. Según provengan de fuera o del propio sujeto, a las causas de la distracción se les denomina distractores externos o internos:

	Distractores	Remedios
Internos	1	....
	2	....
	3	....
	4	....
	5	....
Externos	1	....
	2	....
	3	....
	4	....
	5	....

FIGURA 3.4. La distracción y sus causas. Remedios para combatirlas.

a)   Distractores externos

Son factores externos que atraen sobre ellos tu atención y la desvían, al menos momentáneamente, de la tarea que te habías propuesto realizar: estudiar. Los principales son los siguientes:

• Los *ruidos* –y en especial los ruidos con sentido del interior de la casa, tales como: TV, radio, interrupciones inesperadas, coloquios familiares o de vecinos, sonido del teléfono, etc.–, que, por su carácter cercano e interés, te atraen hacia ellos y te apartan del estudio.

• Los *factores ambientales* de tu entorno inmediato, tales como: deficiente iluminación, temperatura inadecuada, postura excesivamente cómoda, libros distribuidos por toda la casa, exceso de desorden en la mesa de estudio, etc., que hacen que pierdas tiempo y te desconcentres.

• La *falta de un horario* que planifique tus actividades y tus horas de dedicación al estudio. Como consecuencia de ello, a veces, se te acumularán las tareas y dudarás en cuál emprender primero, y otras veces no sabrás qué acción acometer.

• La *inercia* a dejarse llevar por la pasividad y la comodidad inicial. Comenzar a estudiar supone un firme acto de la voluntad. Una vez que ya has comenzado, cuesta menos mantenerse. Muchas excusas puedes encontrar para retrasar tu hora de comienzo: te sientes cansado, has de realizar antes unas llamadas, has de ver un programa de televisión o tomar un café o...

• La *excesiva dificultad* de la materia que estás estudiando, que hace que te desmotives, al comprobar tu poco rendimiento en la misma.

- La *excesiva facilidad* de la tarea que estás realizando, que te desconcentra de la misma por un exceso de confianza en tu habilidad.
- La *monotonía* de lo que estás estudiando, que hace decaer tu interés por la tarea, a causa del aburrimiento, y te conduce a la distracción.
- La competencia de *otros objetivos* externos que te atraen más. Por ejemplo: ver el partido, ir al cine, salir con los compañeros, realizar unos trámites que tienes pendientes, etc.

b) Distractores internos

Otras veces las causas de la distracción no están fuera de ti, sino que son internas, te acucian, te absorben e interfieren con el estudio o con la tarea que estás realizando. He aquí varias de ellas:

- Los problemas y *conflictos* personales y familiares, todavía sin resolver, hacen que les dediques mucho tiempo y, cuando te dispones a trabajar, disminuyes tu nivel de atención porque sigues preocupado y tiendes a volver sobre ellos.
- El nivel de *ansiedad*, cualquiera que sea su causa: orgánica, psíquica, fracaso, etc., también conlleva mayor dificultad para prestar atención.
- La *falta de interés* por el tema que vas a estudiar o la falta de motivación por los estudios en general, por cuya razón, aunque dedicas horas al estudio, te aplicas menos y, por consiguiente, tu rendimiento es bajo.
- Los *asuntos* todavía *por resolver* crean en tu mente una fijación, que te distrae de los asuntos en los que estás trabajando.

- La *acumulación de tareas,* que has de realizar en poco tiempo, crea en ti ansiedad y desconfianza al no poder resolverlas en ese corto período de tiempo disponible.
- La *fatiga física o psíquica,* que crea condiciones psicofísicas que hacen que momentáneamente te resulte difícil concentrarte.
- La *debilidad de la voluntad,* que hace que, una vez iniciada una tarea, te resulte difícil mantenerte en la misma. Encontrarás muchos pretextos para dejar de estudiar: llamar por teléfono, beber un vaso de agua, pensar en...

2.4. La concentración. ¿Qué hacer para mantenerla?

A la atención en su *máximo grado* se le denomina *concentración.* Consiste en centrar tanto la atención en una tarea que el resto de las circunstancias del entorno quedan ignoradas e incluso anuladas para la percepción del sujeto que se halla concentrado.

Para *rendir* en los estudios, a nivel apreciable, se requiere más que atención: has de estar *concentrado.* Si te encuentras motivado para estudiar, porque encuentras interesante el tema que tienes delante o por hallarlo útil para tus proyectos de futuro, te resultará más fácil concentrarte. En caso contrario, habrás de realizar un mayor esfuerzo para conseguirlo.

He aquí algunas *recomendaciones* que pueden ser útiles para incrementar tu nivel de concentración:

1. Los principales enemigos de la concentración son los *distractores* internos o externos, que disminuyen tu grado de atención y terminan alejándola del estudio. Diseña actitudes para combatirlos, cualesquiera que sean sus causas, y procura que tu

mente no tenga que dividirse para atender al mismo tiempo a dos tareas diferentes.

2. *Planifica* tus horas de estudio y de descanso. No estudies varias horas continuadas, porque conseguirás fatigar tu cuerpo y tu mente, y pronto disminuiría tu nivel de atención. Tras cada hora de estudio *descansa* durante el tiempo que consideres prudencial –consúltalo en el apartado que trata los horarios y los descansos–. Así, tus neuronas se recuperarán y estarán de nuevo listas para reemprender el estudio.

3. No adoptes una *postura* de estudio excesivamente cómoda, pues al poco tiempo tus ojos estarán fijos en el libro y tu mente en otro sitio. Adopta la postura recomendada y aplica las técnicas activas que se describirán; ellas te mantienen en actividad, hacen que adoptes una actitud vivencial con respecto al tema y dan sentido a tu actuación. Estas condiciones incrementarán tu motivación y permitirán que te mantengas alerta y concentrado durante mucho tiempo.

4. Mantén el adecuado grado de *tensión* psicofísica: «concentración relajada».Un exceso de tensión te excitaría, te volvería nervioso e inquieto y sería perjudicial para lograr mantenerte concentrado. Un exceso de relajación te produciría somnolencia, uno de los peores enemigos de la concentración.

5. Procura que la *habitación* de estudio tenga las *condiciones adecuadas,* y aleja de tu vista todo cuanto pueda distraerte: fotos, recortes, revistas, periódicos, recuerdos, teléfono, televisión, etc.

6. Usa, si es posible, siempre la *misma habitación* y los mismos horarios de estudio. Se creará en ti una especie de reflejo condicionado y, cuando a la hora marcada te acerques a ella, te sentirás invitado al estudio. Poco será entonces el esfuerzo que hayas de realizar para comenzar a estudiar y adquirir pronto el nivel de concentración adecuado.

7. Procura *resolver* previamente tus *problemas* personales y tus otras tareas, ya que la tarea inacabada causa preocupación y fija la atención, por lo que se producirán interferencias en tu concentración. Si no te es posible resolverlos antes, anótalos y fija el momento en que te ocuparás de ellos, así te sentirás más tranquilo y podrás concentrarte mejor. A veces, los problemas o conflictos son tan importantes que no hay forma de que dejen de preocupar, aun habiendo tomado las anteriores precauciones. Tendrás que intentar concentrarte, a pesar de ese inconveniente. Lo lógico es que tu nivel de concentración, en esos casos, sea inferior al habitual; pero, conforme pase el tiempo y vayas resolviendo los problemas, notarás cómo logras la concentración deseada.

8. La *monotonía* es uno de los peores enemigos de la concentración, elimínala introduciendo *amenidad* en tus horas de estudio. Cambia de actividad, dedica parte del tiempo a leer y subrayar, parte a esquematizar, a realizar un trabajo, a ordenar y a revisar los apuntes, etcétera. También puedes cambiar de asignatura para dar a tu mente el estímulo necesario para mantenerse atenta.

9. *Recompensa* tu concentración en el estudio otorgándote un premio durante los descansos. Fuma el cigarrillo que deseabas, bebe el café que te apetecía, toma un caramelo o un vaso de

agua, ve al servicio, sal a respirar, etcétera. Si condicionas la satisfacción de tus apetencias al mantenimiento de un nivel de concentración y de un tiempo dedicado al estudio, pronto comprobarás que es fácil automotivarse y estudiar lo deseado. No recompenses la baja concentración, el aburrimiento y el nerviosismo dejando de estudiar y saliendo a estirar las piernas o tomar algo, porque se creará un reflejo condicionado y tenderás en lo sucesivo a desmotivarte y desconcentrarte. Utiliza la recompensa sólo cuando hayas terminado una tarea o una sesión de estudio, así te sentirás más motivado para seguir hasta terminarla.

10. Procura que despierte tu *interés* por los temas que has de estudiar. Si éstos dejan de ser una penosa obligación y los contemplas desde su futura utilidad o como satisfacción de la curiosidad, tu concentración durante su lectura y estudio está asegurada.

11. Al *inicio* de la sesión de estudio resulta más difícil concentrarse. La curva de la concentración durante los primeros minutos es baja; luego llega a su grado máximo y, finalmente, decae a causa de la fatiga. Para lograr cuanto antes el grado de concentración inicial deseado, debes hacer un esfuerzo inicial superior y puedes recurrir, también, a las técnicas de concentración.

12. Procura *relajarte* a través de alguna de las técnicas expuestas, así conseguirás siempre los ritmos de tu cuerpo y de tu mente hasta el nivel deseado. Cuanto más relajado te encuentres, más fácil te resultará concentrarte.

13. Ensaya algún *ejercicio de concentración mental*. Se han descrito cientos de ellos, inspirados en las técnicas orientales del

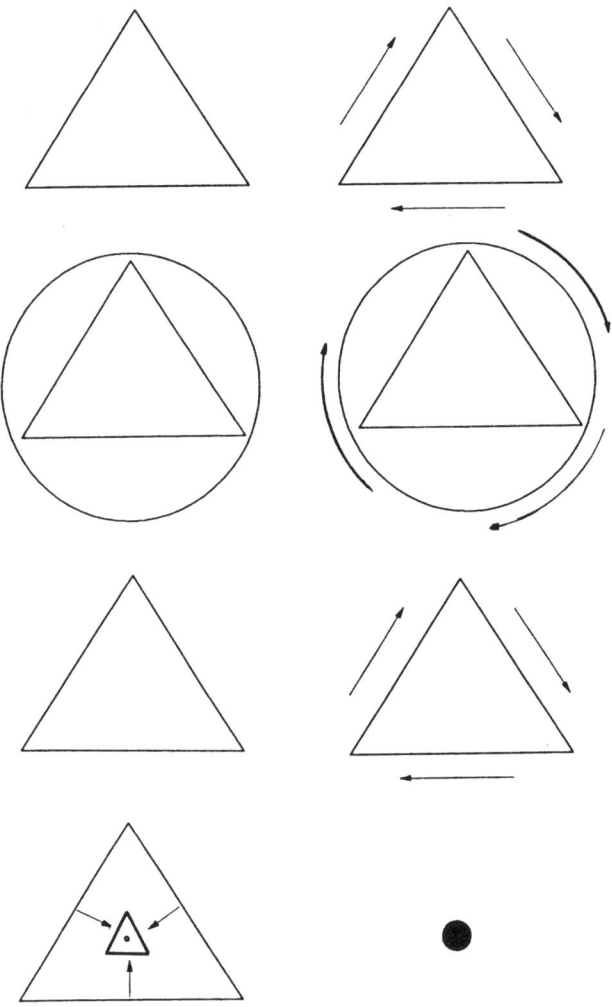

FIGURA 3.5. Representación de las figuras imaginadas con los sucesivos pasos.

raja yoga. A continuación se exponen tres; ensáyalos y practica el que mejor se adapte a tus características:

- *Respira* lenta y profundamente y procura concentrarte en los diferentes tiempos de tu respiración: inhalar, mantenerse durante cuatro segundos, exhalar y mantener el aire durante ocho segundos. Después de diez respiraciones te sentirás más relajado y concentrado y estarás preparado para comenzar a estudiar, habiéndote olvidado de los problemas que te acuciaban y te distraían.
- Otra técnica muy utilizada consiste en que te imagines un *paseo* por un lugar que te traiga agradables y relajantes recuerdos. Imagina un paseo por el parque, contempla el riachuelo, los patos, los árboles, el caminito que conduce al estanque, etc.
- Imagina una *figura geométrica*, por ejemplo, un triángulo equilátero con un ángulo arriba y dos abajo. Recorre con tu mente sus tres lados; imagínate al triángulo introducido en un círculo, recorre la línea del círculo, borra el círculo de tu imaginación, concéntrate de nuevo en el triángulo y recorre sus lados; encoge los lados del triángulo hasta reducirlos a un punto central. Despierta, seguro que te has relajado, has conseguido centrar tu mente y la has alejado de los distractores que la atraían.

Después de haber ensayado estas u otras técnicas de concentración, en las que has invertido pocos minutos, te encontrarás más preparado para comenzar o reanudar tus estudios y llegar en poco tiempo al grado de concentración en los mismos que deseabas conseguir.

3. Motivación

La motivación es una de las principales causas de la conducta humana. En ella las metas externas y los deseos, carencias, necesidades, apetencias o instintos internos se asumen como un objetivo del sujeto, al que hay que procurar dar satisfacción. Los motivos operan como fuentes de energía que explican por qué se ha iniciado una conducta; la mantienen y la regulan, una vez iniciada, y la conducen hasta la meta u objetivo buscado.

3.1. La importancia de la motivación en el estudio

La motivación es uno de los principales factores que explican el éxito en los estudios, junto con las aptitudes del alumno, los conocimientos básicos que posee y el manejo de las técnicas de estudio adecuadas.

De poco te serviría tener grandes aptitudes intelectuales, si luego no das ni golpe. Tú conoces estudiantes inteligentes, según los test, que suspenden varias asignaturas e incluso repiten curso; no es suficiente con ser inteligente, además hay que sentarse e hincar los codos sobre la mesa. Cuando esto se hace, pronto aparecen los buenos resultados, aunque las capacidades intelectuales no estén a la altura que sería de desear.

Lo mismo ocurre con el manejo de las técnicas de estudio, que se exponen en los capítulos siguientes. No basta con conocerlas; has de ponerlas en práctica en tus horas de estudio, si deseas sacarles provecho.

FACTORES INTERNOS   77

	N.º para ti	N.º ideal

Estudio

1. Para que no me regañen mis padres
2. Para aprobar las asignaturas o el curso
3. Para terminar la carrera y encontrar un puesto de trabajo cualificado
4. Para mejorar mi *status* social
5. Para saber
6. Para conseguir una sólida formación
7. Para satisfacer mi deseo de curiosidad
8. Para seguir al lado de mis compañeros de siempre
9. Para ser más útil a la sociedad
10. Para no aburrirme en casa
11. Para destacar por encima de los demás
12. ....

FIGURA 3.6. Las razones por las que estudias.

FIGURA 3.7. Racionalizaciones para no estudiar.

3.2. Las razones por las que estudias

La *motivación* al estudio está constituida por todos aquellos factores que te otorgan la *energía* necesaria para comenzar a estudiar y la fuerza de voluntad para mantenerte en el estudio, una vez comenzado, hasta conseguir los fines previstos o pretendidos.

Entre los *factores motivantes* los hay de diferentes tipos. A veces se estudia porque se le ha tomado gusto a la tarea de documentarse y aprender. Pero las más de las veces se hace porque a través del estudio esperas conseguir unos objetivos que se te presentan como deseables: terminar una carrera, conseguir un puesto de trabajo, mejorar tu *status* social, etc. Todos son igualmente legítimos, si logran otorgarte la energía suficiente para mantenerte firme en los estudios. En la página siguiente hay una lista de diferentes motivos que inducen al estudio, clasifícalos según el valor que tengan para ti. Haz después otra clasificación según el orden de importancia que consideras que deben tener para un buen estudiante. Compara las dos clasificaciones y comprueba si es oportuno hacer algún cambio en tu caso.

3.3. Técnicas para mejorar la motivación

Una de las principales causas del *fracaso escolar* es la *baja motivación* al estudio que, a veces, se pretende justificar con racionalizaciones como: «para qué voy a estudiar con el paro de licenciados que hay ya», «la enseñanza está masificada y una carrera ya no conduce al éxito social», «los planes de estudio son poco interesantes y poco tienen que ver con la práctica de la vida», etc. Estas y otras racionalizaciones suelen hacerse los estudiantes para justificar ante sí mismos sus pocas ganas de estudiar. Pero si no estudias, el éxito académico cada día se alejará más de ti.

¿Qué puedes hacer para *mejorar tu motivación* al estudio? No existe una receta mágica que sirva para todos. A continuación encontrarás algunas *técnicas* que quizá puedan servirte para incrementar tu motivación al estudio:

1. *Buscar objetivos.* Para orientar y mantener tu estudio has de buscar objetivos y diseñar medios para lograr conseguirlos. Si estás estudiando una carrera, el objetivo final es terminarla para poder ejercerla. Pero eso está demasiado lejos; por ello, has de di-

FIGURA 3.8. Reforzar los objetivos planificados y conseguidos.

señar objetivos más próximos como: aprobar el curso, sacar sobresaliente en tal asignatura, entregar un trabajo en la fecha prevista, participar en un debate, etc. Son pequeños objetivos que mantienen tu interés en el estudio a lo largo del curso. Estudiar sin objetivos, sin saber por qué ni para qué se estudia, simplemente porque tus padres te han matriculado, es mantenerse en una situación desmotivante en la que el éxito académico se logra sólo a través de un gran gasto de energía psíquica.

2. *Emplear técnicas activas.* Si empleas las técnicas activas – subrayado, esquematización, resumen, hacerse preguntas e intentar resolverlas, etc.– encontrarás que te resulta más fácil *impli-*

carte en la lección, vivenciarla a tu manera y que ello trae como consecuencia una mejora del aprendizaje y del recuerdo, al tiempo que te sentirás más incentivado para proseguir en el estudio.

3. Procurar hacer del estudio un *hábito*. Si te acostumbras a estudiar todos los días a la *misma hora* y en la *misma habitación*, pronto llegará el momento en que no te cueste esfuerzo alguno ponerte a estudiar. Se creará en ti una especie de reflejo condicionado y, cuando llegue la hora, te sentirás invitado al estudio y no a otras tareas ajenas al mismo.

4. *Gratificar* los objetivos cumplidos. Concédete pequeños premios cuando consigas *objetivos planificados*. Si estás estudiando una lección y te faltan dos páginas para terminarla, no te levantes para beber agua o para satisfacer otra necesidad. Retrásala, si te es posible, durante unos minutos hasta que termines tu tarea y luego prémiate satisfaciéndola. Los premios otorgados refuerzan la conducta premiada y la próxima vez que te encuentres en esa situación, te encontrarás con más fuerzas para seguir estudiando hasta conseguir el objetivo programado. Por supuesto, no se recomienda que todo pequeño objetivo haya de ser recompensado. Ello daría lugar a la monotonía, por sobredosis de premios, y éstos dejarían de motivar. Además, el refuerzo con premios es más eficaz si es intermitente, como demuestra el refuerzo al juego que generan las máquinas tragaperras.

5. Hacer un *sobreesfuerzo* inicial. Los primeros días del curso son los más difíciles de todos y más todavía si has cambiado de nivel o si te inicias en asignaturas nuevas de las que no conoces nada. En esos días has de realizar un sobreesfuerzo, para vencer la vagan-

cia de los días de descanso en el estudio, y para sentar las bases sobre las cuales han de asentarse los conocimientos posteriores. Al inicio, los primeros datos de las asignaturas nuevas aparecen como elementos aislados y resultan más difíciles; luego, cuando entres en la dinámica del curso y aumenten tus conocimientos, los nuevos conocimientos te resultarán más fáciles, ya que tienen una base conceptual y significativa sobre la cual se apoyan.

6. Desarrollar la *curiosidad*. La dificultad que te ofrezca un tema depende mucho del interés con el que lo enfoques. Está comprobado que se atiende mejor a aquellos temas que más interesan y que esto se traduce en una mayor facilidad para entenderlos. Pero, ¿se puede conseguir que un «rollo» aparezca como tema interesante? Depende. A veces, sí. Muchas veces la consideración de que un tema es interesante o un «rollo» te ha venido de la opinión generalizada de la clase o de unos cuantos compañeros, pero no necesariamente tú has de opinar también así. Otras veces, depende de la valoración que haces del profesor que imparte la asignatura. En esos casos, la asignatura es interesante para aquellos alumnos a los que el profesor les cae bien y un «rollo» para aquellos a los que les cae mal. A veces, la valoración de la asignatura la haces sólo desde tu educación previa, tu personalidad y tu mundo de intereses, otorgándole valor según su aportación a tus proyectos.

Si, después de todo, la asignatura o el tema es valorado como *pesado* y carente de interés, *¿se puede hacer algo para motivarse a estudiarlo?* Si la asignatura es obligatoria, has de concienciarte de que has de aprobarla también para seguir tus estudios. Si te enfrentas a ella con cara de disgusto, hojeas una y otra vez las páginas que te restan para terminar, estás reforzando el desinterés y has de gastar mucha energía para conseguir vencer esa resistencia y memorizar unos datos que pronto se te olvidarán. Pero si intentas *autoconvencerte* de que en el fondo no es tan «rollo», procuras buscar puntos de interés que despierten tu *curiosidad* y utilizas para su estudio las técnicas activas, observarás cómo, poco a poco, te vas implicando en el tema, cambia tu postura física, tus gestos, tu estado de ánimo, y te sientes más motivado a su estudio.

7. *Evitar los distractores.* Los ruidos, deficientes condiciones de la habitación de estudio, problemas personales, etc., disminuyen tu capacidad de concentración y tu motivación; evítalos en la medida de lo posible, tal como ya se ha señalado, y comprobarás cómo te cuesta menos ponerte a estudiar.

8. Tener *autoconfianza.* Otra de las causas más habituales del bajo rendimiento de los alumnos suele ser los complejos y la desconfianza en las propias capacidades.

Si eres un buen estudiante, tus propios éxitos de años anteriores y del presente operan como reforzantes de tu sentimiento de seguridad y te motivan a seguir en los estudios.

Pero si has cosechado fracasos, es fácil que recibas un refuerzo negativo, que te sientas más desanimado, más desconfiado de tus propias capacidades y más desmotivado. Si ése es tu caso, analiza la situación con tus padres y con tu tutor, acude a un psicólogo si lo consideras oportuno; pero considera que posiblemente tu fracaso se deba a una de estas causas:

— No haber estudiado lo suficiente.

— Tener asignaturas pendientes de cursos anteriores o mala base de conocimientos.

— No estar empleando las técnicas de estudio adecuadas.

4. El método: EL-SER 3

«¡Profe!, yo he estudiado la asignatura, le aseguro que he dedicado un montón de horas a estudiar su asignatura, y no encuentro forma de aprobar». No son infrecuentes quejas como ésta en algunos alumnos. Por su parte, el padre certifica estas palabras con las suyas: «Le aseguro que mi hijo estudia; las tardes y los fines de semana apenas sale de casa, está metido en su habitación con los libros y los apuntes». Alumno y padre dicen verdad, el chico estudia; pero... sin método: no sabe estudiar. No es de extrañar que, a pesar del esfuerzo realizado, no apruebe los exámenes; esto puede desmotivarlo y alejarlo de los estudios cada día más, porque «para el rendimiento que saco, mejor no sacrificarse y, por lo menos, vivir y divertirse».

Si sigues el método que a continuación se expone, tú mismo comprobarás, a medida que pase el tiempo y te vayas adiestrando en su práctica, que estudiar te resulta más fácil y entretenido, y que van mejorando las notas que obtienes en los exámenes.

Este método consta de siete partes sucesivas o pasos; a saber:

1. EXPLORACIÓN
2. LECTURA
3. SUBRAYADO
4. ESQUEMATIZACIÓN
5. RESUMEN
6. RECUERDO
7. REPASO

Con las *iniciales* de estas palabras se forma el nombre con el que, en lo sucesivo, denominaremos este método: «*EL-SER 3*».

1. EXPLORACIÓN

Antes de que te entregues al estudio, te resultará conveniente que dediques unos minutos a explorar el material que tienes ante ti, sea un libro o los apuntes.

1.1. Exploración del libro

La exploración del libro te permitirá captar el todo antes que las partes de que se compone, y así obtendrás una *visión de conjunto* sobre el tema estudiado, sobre las partes que lo integran y sobre el enfoque que le da el autor.

En tu exploración has de prestar atención a lo siguiente:

— Portada y tapa.
— Prólogo.
— Índice.
— Capítulo.

a) Portada y tapa

Comienza con el examen de la *portada.* Allí encontrarás:

- El *título,* que hace referencia al grupo de temas que trata. A veces lleva un subtítulo, que precisa la forma como trata dicha temática.
- *Nombre del autor,* así como circunstancias que nos lo hacen conocido, tales como títulos, premios, cargos, etcétera.
- *Editorial.* El que sea publicado en una editorial de prestigio suele ser garantía de la calidad del libro, pero no siempre es así.

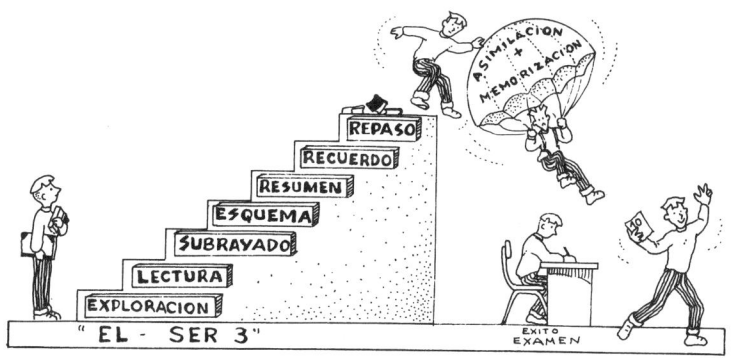

FIGURA 4.1. El empleo del método «EL-SER 3» facilita el éxito en los estudios.

FIGURA 4.2. Explorar es importante.

- *Traductor* que ha vertido el original al idioma del lector.
- Año de publicación y número de la *edición*. Estos datos, que casi siempre vienen en el dorso de las primeras páginas, te ilustrarán sobre la vigencia de lo que allí se dice y sobre su difusión. Si el libro es de investigación científica y se publicó hace veinte años, pudiera ser que su información esté obsoleta. El número de la edición te dirá si ha tenido éxito y se ha convertido en un clásico o si es edición única, difícilmente vendible por no haber conseguido la atención del público.

En la *tapa* también puedes encontrar información que te resultará de utilidad:

- *Resumen* del contenido del libro, que amplía la información que da el título y te adelanta lo más relevante.
- *Valoración* de la editorial o de algún eminente pensador sobre la aportación del libro a determinada problemática.
- *Presentación* del autor, con especial mención de sus publicaciones, condecoraciones, cargos e importancia del mismo dentro de la materia en cuestión.

El análisis de los datos anteriores también te resultará útil cuando vayas a comprar un libro y hayas de elegir entre varios de parecida o la misma temática.

b)   Prólogo

La mayoría de los estudiantes han leído varias veces el libro sin haber leído ni una sola línea del prólogo. No es raro encontrar libros «machacados» por los subrayados de sucesivos alumnos y que, en cambio, el prólogo todavía esté *intacto*.

El autor cuenta en el prólogo los motivos que le indujeron a la publicación del libro, las dificultades que encontró, las lagunas que pretende rellenar, el estado actual de la cuestión, los colaboradores que tuvo, los destinatarios a quienes va dirigido, los fines que pretende, la metodología de estudio del libro, etc. Muchos datos que pueden aconsejarte su elección y orientarte sobre el mismo.

c)   Índice

Nunca olvides echar un vistazo al índice, pues en las páginas del índice *sistemático* el autor desglosa los capítulos y apartados en los que *subdivide* y estudia el tema principal. Un simple vistazo al índice sistemático te informará de la importancia de la idea que te interesa y de la profundidad con que se trata en el libro.

Cada día es más frecuente el uso del índice analítico, en el que el autor ordena por orden alfabético los temas tratados e indica las páginas en que los estudia. Todo ello para ofrecer al lector información precisa sobre el contenido que se describe en el interior del libro.

d) Capítulo

Antes de ponerte a estudiar debes echar un vistazo al capítulo observando:

— Título.
— Apartados en que se divide.
— Gráficos y esquemas.
— Resumen, si lo hubiera.
— Tipografía utilizada.

Los autores buscan con ahínco el *título* más adecuado para el capítulo. Ciertamente que el título ha de ser *preciso y expresivo* del contenido general que luego se explica. Si el título está bien escogido, te dará muchas pistas y verás que no puede ser sustituido por otro parecido sin que nada cambie.

Observa asimismo los *apartados* en los que se divide e intenta *relacionarlos* con respecto al todo del capítulo y del libro.

Observa los *gráficos, mapas y esquemas* que te ofrecen de *forma visual* el contenido conceptual del texto.

A veces el capítulo incluye un *resumen,* que tiene la virtud de informarte en pocas palabras del contenido del mismo y de servir, una vez estudiado, de recordatorio para su mejor retención.

Tampoco olvides dirigir la mirada, en esta ojeada exploratoria, a la diferente *tipografía* utilizada: negrita, cursiva o mayúscula. El tamaño de los títulos y la diferente tipografía indican la relación existente entre los diferentes capítulos, apartados y subapartados y son un esquema de la subordinación de las ideas en la mente del autor.

Si el índice es poco exhaustivo y el capítulo no tiene subdivisiones, entonces, para obtener la visión de conjunto, puedes escudriñar el tema a través de la *lectura rápida* del mismo. Detente en los párrafos iniciales y finales, pues al inicio se suelen exponer las argumentaciones y al final las conclusiones.

1.2. Exploración de los apuntes

No siempre el material que tienes delante de ti para trabajar es un libro de texto; muchas veces serán los apuntes tomados en clase o entregados por el profesor. En ese caso, echa un vistazo al índice general y a la estructura de cada capítulo, observando la importancia de los apartados, según su relación con la idea principal; fíjate especialmente en los párrafos iniciales y finales de cada apartado.

Tu asistencia y participación en clase observando el énfasis del profesor en determinados puntos, así como las prácticas realizadas, las lecturas, etc., te permitirán tener un recuerdo que te servirá como visión de conjunto. Pero, aun así, siempre te resultará útil *organizar tus apuntes* según un índice sistemático que estructure el tema y te oriente sobre la importancia jerárquica de cada apartado.

2. Lectura

Una vez que dispongas de una orientación general del tema que vas a estudiar, es hora de que comiences a leer. En la lectura de estudio, más profunda que la simple lectura del periódico o de una novela, debes distinguir dos pasos que suponen *dos niveles* de profundización.

2.1. Prelectura

Consiste en la *rápida lectura* de todo el capítulo o, si es muy largo, de un apartado, para obtener una visión de conjunto de lo que allí se dice. En esta fase *no debes tomar apuntes ni subrayar* ni consultar en el diccionario los términos desconocidos, pues estas técnicas te despistarían y apartarían del objeto principal: captar las ideas principales que se exponen en ese capítulo y su relación jerárquica.

2.2. Lectura comprensiva

Una vez que ya has captado las principales ideas del capítulo, es hora de que realices una lectura *más profunda,* utilizando la técnica del *subrayado,* consultando en el diccionario los términos desconocidos y distinguiendo, en la maraña de vocablos en que vienen dadas, la *idea principal* de las secundarias. En esta fase de la lectura no puedes permitirte el lujo de estar pasivo, sentado en el sillón, sino que debes mantenerte permanentemente activo.

La lectura comprensiva va más allá de la mera lectura mecánica, que convierte los signos gráficos en signos fonéticos. La lectura comprensiva es la que *se fija* no en las palabras, sino *en las frases*, y busca desentrañar el significado de las mismas integrando cada expresión dentro del contexto semántico que le da sentido.

a)   Causas de la deficiente comprensión lectora

Cada día es más frecuente entre los estudiantes la *falta de comprensión lectora*. Leen, pasan sus ojos por encima de las líneas, pero apenas si entienden poco más que el significado de algunas frases sueltas. Si el profesor, después de que hayan leído algunas líneas, les pregunta qué quiere decir lo que han leído, responden que no lo saben o con alguna de las ideas secundarias. ¿A qué se debe este fenómeno? Tres son las *causas* principales:

— La *escasez de vocabulario,* auténtico causante de que muchos términos se conviertan para el lector en una incógnita. La televisión y el teléfono tienen buena parte de culpa de la pobreza de vocabulario de los alumnos. Antes, cuando uno quería distraerse, leía una novela o un tebeo; ahora, le da a la tecla de encendido del televisor. Y cuando deseaba comunicarse con alguien distante, se le enviaba una carta; ahora, se le llama por teléfono. Así que teléfono y televisión favorecen bien poco el desarrollo de los hábitos de la lectura y de la escritura.

— La *falta de concentración,* responsable de que el alumno pierda el hilo general de la exposición y sólo recuerde frases sueltas, desvinculadas de la idea principal y de su vertebración expositiva.

FIGURA 4.3. Consulta en el diccionario los términos desconocidos.

— La *lectura pasiva:* cuando ni siquiera se subraya ni se consulta en el diccionario los términos desconocidos.

Para aumentar tu comprensión lectora es conveniente que mires en el *diccionario* cada término *desconocido* que aparezca en la lectura, que te concentres en la misma y que aprendas a captar la idea principal del capítulo, apartado o párrafo, y la distingas de las ideas secundarias que la desarrollan o complementan.

b) *La caza de las ideas*

El autor utiliza en su exposición una serie de ideas que tú debes detectar a través de la lectura. La *idea principal del libro* se divide en varias ideas principales también, pero más concretas, que son los capítulos. Los *capítulos*, a su vez, se subdividen en otras principales, pero de menor rango, que son los *apartados;* y éstos se desarrollan a través de los distintos *párrafos*, dentro de los cuales cabe distinguir aquellos en los que residen las ideas principales y aquellos en los que residen ideas secundarias.

Las ideas principales de libro, capítulos y apartados son fáciles de detectar, si te fijas en el título que las enuncia. Pero, además, has de leer todo el libro, el capítulo o el apartado para detectarlas en su desarrollo.

Los *apartados* están compuestos por párrafos, que es el escrito comprendido entre dos puntos y aparte.

Cada párrafo desarrolla una idea diferente, aunque íntimamente relacionada con las de los párrafos anterior y posterior, pues de lo contrario el texto resultaría anárquico. A veces, se anuncia una idea en un párrafo y luego se emplean varios párrafos secundarios para desarrollarla con diferentes argumentos o explicaciones.

Con respecto al todo del apartado unos *párrafos* desarrollan las ideas principales y otros las secundarias. Dentro de cada párrafo, a su vez, hay que distinguir la idea principal que se desarrolla de las ideas secundarias que la explicitan.

Según su colocación dentro del párrafo, la *idea principal* puede estar al principio, en medio, al final o distribuida.

- Si está al *principio*, al párrafo se le suele denominar *deductivo*, pues afirma o niega algo, y después aduce las razones y argumentos que confirman o desmienten lo enunciado; o bien aplica a un caso concreto la afirmación general de la idea principal.
- Si va en el *centro*, al inicio se plantea el problema o se citan algunos datos que inducen a buscar una determinada solución.

Después se da respuesta, a través de la idea principal y, por último, se sacan las conclusiones, se analizan las consecuencias o se matiza la idea principal. Muchas veces es una mezcla del párrafo inductivo y del deductivo.

- Si va al *final,* se le suele denominar *inductivo* –a semejanza del razonamiento inductivo–, pues se comienza citando datos, pruebas u observaciones que inducen a pensar en aquello que se termina afirmando, demostrando o concluyendo.
- No siempre la idea principal está tan perfectamente indicada; a veces, se encuentra *distribuida* en varias frases a lo largo del párrafo. Otras veces, sobre todo en el periodismo con censura y en la poesía, las ideas principales se sugieren, pero no se dicen; eres tú quien ha de deducirlas.

Con independencia de su colocación en un determinado lugar del párrafo, las ideas principales tienen unas *características* que las distinguen de las secundarias y te permiten detectarlas. He aquí las más importantes:

Idea principal:

- Expresa la afirmación *más general;* esto es, la que abarca y da *sentido* a las demás ideas del párrafo.
- Afirma lo más importante e *imprescindible;* si se suprime esta idea, el párrafo queda incompleto, con sentido parcial y anecdótico.
- A veces, *indica explícitamente* que es la idea principal. Para ello utiliza expresiones como: «Lo más importante...», «Lo principal...», «Destaquemos...», «Concluyendo...», «En resumen...», etc.
- A su vez, el párrafo que contiene la idea principal del apartado es el que mejor responde a la pregunta o enunciado del mismo.

Idea secundaria:

- *Explica* y desarrolla el contenido de la idea *principal.*
- Expresa *datos accesorios, detalles,* ejemplos, anécdotas, matices y puntualizaciones que complementan a la idea principal; por ello, ésta seguirá teniendo sentido, aunque se supriman ideas secundarias, sólo perderá parte de su valor probatorio.
- En sí misma tiene *poco sentido,* adquiere un sentido más amplio al relacionarse con la idea principal de la que depende.
- *Da argumentos* que sirven para afirmar o rechazar la idea principal.

3. Subrayado

3.1. Definición

Subrayar consiste en *poner una raya debajo* de las ideas más importantes de un texto con el fin de destacarlas del resto, favoreciendo así su atención preferente por parte del lector, su mejor fijación en la memoria del mismo y un ahorro del tiempo invertido en repasar.

3.2. ¿Cuándo subrayar?

La técnica del subrayado debes utilizarla al mismo tiempo que la lectura comprensiva, durante la *segunda o tercera lectura;* pero nunca durante la primera, ya que todavía no tienes una visión de conjunto y no conoces lo que es importante. Arriesgarse a subrayar en la primera lectura es arriesgarse a realizar un mal subrayado.

3.3. ¿Qué subrayar?

No debes subrayar todo –como hacen algunos, que lo único que consiguen con su subrayado es cambiar el color de la página– porque entonces no destacarías lo importante de lo accesorio. Con una simple raya vertical en el margen izquierdo puedes indicar que todo lo que comprende es importante. No subrayes frases y líneas enteras, sino *sólo las palabras-clave;* y hazlo de forma que la lectura de las palabras subrayadas tenga sentido por sí misma, sin necesidad de recurrir a palabras no subrayadas. Para diferen-

FIGURA 4.4. Subrayar es muy importante.

ciar las *ideas principales* de las relevantes *secundarias*, puedes utilizar diferente tipo de subrayado y así, al mismo tiempo, realizas una jerarquización de las ideas.

3.4. Tipos de subrayado

La técnica del subrayado es algo personal, que irás perfeccionando con la experiencia; a continuación encontrarás varios tipos de subrayado que te podrán orientar, ponlos en práctica y comprobarás sus ventajas.

a)   Subrayado lineal

Consiste en trazar líneas bajo el texto que se quiere destacar. Te puedes valer de dos bolígrafos de *diferente color,* uno rojo y otro azul, por ejemplo. Utiliza el azul para las ideas y detalles importantes y el rojo para las secundarias, anécdotas, ejemplos y aclaraciones (o viceversa, si lo prefieres así). Para los encabezamientos puedes aplicar el doble subrayado en azul –o en azul y rojo– y para las clasificaciones el doble subrayado en rojo. Hay autores que recomiendan el uso de más colores para destacar y diferenciar detalles y matices. Nosotros no lo consideramos oportuno, ya que el exceso de colorido sólo sirve para descentrar la atención del estudiante; además, mientras cambia de color, pierde un tiempo muy valioso.

Quizá prefieras utilizar rotulador, bolígrafo o lápiz de *un solo color;* entonces puedes diferenciar las ideas principales de las secundarias remarcando las primeras con *doble trazo* ═══ y las segundas con un trazo *sencillo* ─── o más fino.

Para los ejemplos y anécdotas, si deseas diferenciarlos de las ideas secundarias, puedes emplear líneas discontinuas ---.

b)   Con signos gráficos

Además del subrayado clásico, existen otros *signos convencionales* que sirven para dejar constancia de tus valoraciones y para destacar datos importantes; los más usados son los siguientes:

◯ *Redondeado.* Se utiliza para destacar partes importantes de una enumeración o clasificación. Por ejemplo:

(1.º) ....
2.º ....
(3.º) ....
4.º ....

☐ *Recuadro.* Se utiliza para destacar enunciados, fechas clave y nombres muy importantes. Por ejemplo:

☐ 1492 ☐ año del descubrimiento de América.

X *Tachado.* Para indicar que no interesan esos datos, porque están anticuados, contienen errores o...

→ *Implicación.* Enlaza, a través de flechas, datos relacionados entre sí. Por ejemplo: el *hidrógeno* → primer elemento origen de *todo* cuanto existe. Su utilización es más frecuente en el esquema que en el subrayado; así:

1492, Colón → América

| *Subrayado vertical.* Para llamar la atención sobre frases o párrafos enteros que se quiere destacar. Si se pone en el margen izquierdo, indica que todo lo que abarca es importante y merece ser subrayado. Si se pone en el margen derecho acompañado de un signo, indica que el signo se refiere a todo el contenido que abarca la línea vertical; así |? indica que todo lo que abarca la lí-

nea se pone en duda y | * que todo lo que abarca es muy importante o interesante.

? *Interrogación.* Para destacar párrafos que deben ser aclarados con posterioridad.

[ ] *Corchetes.* Para acotar un texto que vas a utilizar o entresacar con posterioridad.

* *Asterisco.* Indica que esas ideas son muy importantes o que te interesan especialmente.

¡! Para indicar tu asombro ante tales datos.

I Para indicar que falta información.

C Para indicar que es necesario consultar esos datos.

¡? ¡Ojo! Precaución con esta información.

P Preguntar al profesor.

c) *El subrayado estructural*

Consiste en breves anotaciones y enumeraciones que se realizan en el *margen izquierdo* del texto y que sirven para estructurarlo. El más frecuente es el de números o letras para realizar clasificaciones: A, B, C; 1, 2, 3. Resulta muy útil para la elaboración del esquema.

3.5. Ventajas del subrayado

• Transforma el *acto de la lectura* de pasivo en *activo,* al implicarte en la comprensión y transformación del texto original y, por ello, facilita la concentración de la mente, ya que te sumerge en una tarea que recaba toda tu atención.

• Incrementa la *atención* perceptiva ante las ideas subrayadas, ya que una de las leyes de la atención es la del contraste y la palabra subrayada contrasta con el resto del texto sin subrayar. Por eso no interesa subrayar mucho, para que el contraste sea mayor.

• *Evita las distracciones,* al concentrar toda tu atención en una tarea. Así evitarás que la vista esté en el texto y la mente en otro sitio ajeno a lo que lees.

• Facilita la *comprensión* del texto, al ordenar las ideas subrayando las frases y palabras-clave.

• *Ayuda al repaso,* al seleccionar lo más importante de la información aportada y evitar así que hayas de leer de nuevo todo el texto para captar las ideas principales. El tiempo invertido en subrayar lo recuperarás con creces en los sucesivos repasos.

• Favorece la *lectura crítica,* al centrarla sobre los puntos de interés y no sobre los detalles.

• *Favorece la elaboración del esquema* y del resumen, al tener remarcado todo aquello que merece ser destacado.

• Ayuda a la *memorización,* al simplificar el tema y reducir lo que has de memorizar a lo importante, desechando el «rollo» y los datos irrelevantes.

4. Esquematización

4.1. Definición

El esquema es una síntesis que *resume,* de forma estructurada y lógica, el texto previamente subrayado y establece *lazos de dependencia* entre las ideas principales, las secundarias, los detalles, los matices y las puntualizaciones.

El esquema es la aplicación gráfica del subrayado, con el que ya habías destacado las ideas principales y las habías diferenciado de las secundarias. Con él ordenas esos mismos datos de forma gráfica, haciendo más visibles esos lazos lógicos de dependencia.

4.2. Ventajas del esquema

- Es una *técnica activa* que, al mantener ocupado al alumno, incrementa el interés y la concentración del mismo y, como consecuencia, también la memorización.
- *Estructura de forma lógica* las ideas del tema, por lo que facilita la comprensión (los datos aislados e incomprendidos se retienen mal).
- Al ofrecer los datos a través de un medio óptico, pone en funcionamiento la *memoria visual,* con lo cual se refuerza la capacidad de recuerdo, pues pones en juego más sentidos y más capacidades mentales.
- Permite captar de *un solo golpe de vista* la estructura del tema y da una visión de conjunto que favorece la comprensión y el recuerdo.

- Su confección *desarrolla* tanto la *capacidad* de análisis como la de síntesis. La capacidad de *análisis,* al detectar en el subrayado la importancia de las ideas diferenciando las principales de las secundarias. La capacidad de *síntesis,* al relacionar esas ideas de forma lógica y jerarquizada para lograr la visión de conjunto del tema.
- Supone un gran *ahorro del tiempo* invertido en la tarea de memorizar un tema, pues forma una figura visual, fácil de retener, en torno a la cual se van agrupando los elementos más significativos y detalles de menor importancia que los complementan.
- Ahorra tiempo en el *repaso,* pues vas directamente a lo importante y no tienes necesidad de leer, de nuevo, toda la pregunta.

4.3. ¿Cómo confeccionar el esquema?

- El *cuaderno de anillas* de tamaño DIN A4 o folio, con hojas intercambiables, es el material idóneo por su tamaño y manejo para confeccionar los esquemas.
- Deja *espacio en los cuatro márgenes* para que, después de confeccionarlo, puedas anotar lo que necesites. Considera que en el folio donde hagas el esquema *la mitad* debe quedar en *blanco.* Si el texto estuviera junto y amazacotado, perderías parte de la perspectiva visual, que es una de las principales características del esquema.
- Ha de tener *unidad de visualización;* para realizarlo no emplees más de una hoja, pues perderías de vista dicha unidad.
- Las *frases* que lo desarrollan deben ser *cortas, significativas* y que recojan las palabras-clave subrayadas en el texto original. La redacción debe ser al estilo telegrama.

- Todos los *conceptos importantes* deben quedar *incluidos* en él. A pesar de su brevedad, no debe dejar fuera ideas que sean relevantes.
- Todo esquema ha de estar presidido por el *título,* que corresponde a la pregunta del texto o a su síntesis. El lugar más oportuno para ponerlo es la *parte superior* del esquema. El tamaño y el tipo de su letra deben destacarlo de las ideas que lo desarrollan.
- En la *estructura* esencial del esquema, además del título, debe haber apartados para:
    — Las *ideas principales* en que se desarrolla el tema, primera división.
    — Las ideas *secundarias* que complementan las principales, primera subdivisión.
    — Los *detalles* que añaden precisión a las ideas anteriores, segunda subdivisión.
    — Los *matices* que ofrecen los detalles, tercera subdivisión.

- El sangrado del texto indica la importancia de la idea expuesta. Cuanto más a la izquierda esté una idea, más importante será; y menos importante cuanto más se desplace el sangrado hacia la derecha.

4.4. Tipos de esquemas

Los modelos de esquemas más conocidos y usados son los siguientes:

a) De llaves

El título suele ir en la izquierda y en el centro; a veces, por razón de espacio, va arriba. A través de llaves desglosa las principales ideas con sus divisiones y subdivisiones subsiguientes.

Es el *más conocido* y uno de los más usados. Su estructura gráfica es la siguiente:

SUBDIVISIONES

DIVISIÓN	1.ª SUB-DIVISIÓN	2.ª SUB-DIVISIÓN	3.ª SUB-DIVISIÓN

Título del tema
{
  1.ª idea principal
  {
    1.ª idea secundaria { 1.er detalle / 2.º detalle { 1.er matiz / 2.º matiz
    2.ª idea secundaria
  }
  2.ª idea principal
  {
    1.ª idea secundaria { 1.er detalle / 2.º detalle
    2.ª idea secundaria
    3.ª idea secundaria { 1.er detalle / 2.º detalle { 1.er matiz / 2.º matiz / 3.er matiz
    4.ª idea secundaria
  }
}

b) Numérico

Consiste en la ordenación numérica de las ideas del tema con sucesivas divisiones y subdivisiones, según su importancia.

- Para la primera división, correspondiente a las ideas principales, se utiliza la clasificación: 1, 2, 3, ...
- Para la primera subdivisión, correspondiente a las ideas secundarias, la clasificación: 1.1; 1.2; 1.3; ...
- Para la segunda subdivisión, correspondiente a los detalles: 1.1.1; 1.1.2; 1.1.3... Para las sucesivas subdivisiones ya no se pueden emplear más enumeraciones, pues el procedimiento termina resultando engorroso.

Su estructura gráfica es la siguiente:

Título del tema: ....

```
1 ..................................................................
    1.1 ..........................................................
        1.1.1 .................................................
        1.1.2 .................................................
            1.1.2.1 ..........................................
    1.2 ..........................................................
2 ..................................................................
    2.1 ..........................................................
        2.1.1 .................................................
        2.1.2 .................................................
    2.2 ..........................................................
    2.3 ..........................................................
        2.3.1 .................................................
        2.3.2 .................................................
            2.3.2.1 ..........................................
            2.3.2.2 ..........................................
            2.3.2.3 ..........................................
    2.4 ..........................................................
```

c) De letras

Se realiza a través de letras mayúsculas y minúsculas, empleándose de la siguiente forma:
- Las *mayúsculas* (A, B, C, ...) para las *ideas principales* de la primera división.
- Las *minúsculas* (a, b, c, ...) para las *ideas secundarias* de la primera subdivisión.
- Las *minúsculas entre paréntesis* [(a), (b), (c), ...] para los *detalles* correspondientes a la segunda subdivisión.
- Las *minúsculas entre barras* (/a/, /b/, /c/, ...) para los *matices* correspondientes a la tercera subdivisión.

He aquí su estructura gráfica:

Título del tema: ....

```
A    ..............................................................
   a   ..........................................................
       (a)  .....................................................
       (b)  .....................................................
            /a/  ................................................
            /b/  ................................................
   b   ..........................................................
B    ..............................................................
   a   ..........................................................
       (a)  .....................................................
       (b)  .....................................................
   b   ..........................................................
   c   ..........................................................
       (a)  .....................................................
       (b)  .....................................................
            /a/  ................................................
            /b/  ................................................
            /c/  ................................................
   d   ..........................................................
```

d) Mixto

Se caracteriza porque mezcla los *números romanos* (I, II, III, ...), los *arábigos* (1, 2, 3, ...), las *letras mayúsculas* (A, B, C, ...) y las letras *minúsculas* (a, b, c, ...).
— Los números *romanos* para las *divisiones*.
— Los números *arábigos* para las *subdivisiones*.
— Las letras *mayúsculas* para las *segundas subdivisiones*.
— Las letras *minúsculas* para las *terceras subdivisiones*.

He aquí su estructura gráfica:

Título del tema: ....

```
I    ............................................................
  1    ........................................................
    A    ....................................................
    B    ....................................................
      a    ................................................
      b    ................................................
  2    ........................................................
II   ............................................................
  1    ........................................................
    A    ....................................................
    B    ....................................................
  2    ........................................................
  3    ........................................................
    A    ....................................................
    B    ....................................................
      a    ................................................
      b    ................................................
      c    ................................................
  4    ........................................................
```

e) Simplificado

Emplea el *guión* (—) para las segundas subdivisiones y el *punto* (•) para las terceras subdivisiones (o viceversa, si lo prefieres). Para las primeras divisiones y subdivisiones los procedimientos a seguir son varios, según el gusto personal de cada cual:
— Letras mayúsculas para las divisiones y minúsculas para las primeras subdivisiones.
— Números romanos para las divisiones y arábigos para las primeras subdivisiones.
— Números arábigos para las divisiones y letras mayúsculas para las primeras subdivisiones.
— Letras mayúsculas para las divisiones y números arábigos para las primeras subdivisiones.

Su estructura gráfica es la siguiente:

```
A    ............................................................
  1  ............................................................
    — ..........................................................
    — ..........................................................
      • ........................................................
      • ........................................................
  2  ............................................................
B    ............................................................
  1  ............................................................
    — ..........................................................
    — ..........................................................
  2  ............................................................
  3  ............................................................
    — ..........................................................
    — ..........................................................
      • ........................................................
      • ........................................................
      • ........................................................
  4  ............................................................
```

4.5. Ventajas e inconvenientes de estos sistemas de esquematización

Cada forma de realizar el esquema tiene sus ventajas y sus inconvenientes. Es interesante que los conozcas para que en cada momento puedas utilizar el que más se adapte a tus necesidades.

- El esquema de *llaves* tiene la ventaja de que es el más *gráfico* de todos y con el que mejor funciona la memoria visual. Su principal inconveniente es que el *texto,* si hay muchas subdivisiones, *se concentra en la parte de la derecha,* por lo que presentará grandes huecos a la izquierda y a la derecha el texto quedará comprimido, con letra cada vez más pequeña. Su utilización es aconsejable cuando son pocas las subdivisiones.
- El esquema *numérico* presenta la ventaja de que es muy *preciso* en las divisiones y subdivisiones, pero tiene el inconveniente de que es *monótono* y produce despiste y pérdida de tiempo. Es muy útil en los trabajos que exigen rigor científico; pero, por su engorro y pérdida de tiempo, no es el más recomendable para el repaso y la memorización.
- El esquema de *letras* es similar al numérico. Presenta la ventaja de que las clasificaciones *no son tan engorrosas,* pero exige que se preste atención a los paréntesis ( ) y las barras / / para valorar la importancia de los datos.
- Tanto el mixto como el simplificado reúnen las ventajas anteriores y, además de ser menos monótonos, evitan la mayoría de sus defectos.

El simplificado, que es el de más fácil uso, presenta la ventaja de que es más visual y evita la gran carga de atención que requieren los sistemas anteriores para controlar la serie de letras o de números durante la 2.ª y 3.ª subdivisiones. El pequeño inconveniente que tiene es no establecer un orden preciso en las mencionadas 2.ª y 3.ª subdivisiones.

5. Resumen

5.1. Definición

Resumir es *condensar* un texto, de forma que no falte ninguna de las ideas importantes del mismo y se mantenga la estructura argumentativa.

Las ideas han de expresarse con *brevedad,* pero sin perder la claridad expositiva, y han de *relacionarse* las anteriores con las posteriores y las principales con las secundarias. No te conformes con enumerar las ideas, desarróllalas y trátalas según su importancia. No emplees en el resumen el lenguaje telegráfico característico del esquema.

Cuando el resumen está elaborado con las palabras del autor, se le denomina propiamente *resumen;* y, cuando se hace con las propias, se le denomina *síntesis*. Muchos autores recomiendan que se haga con las palabras del propio alumno. Esto tiene la ventaja de que se vive como algo más propio y favorece la atención, el interés y la retención; pero tiene el inconveniente de que favorece poco la asimilación de los términos técnicos, que es uno de los principales objetivos del aprendizaje.

5.2. ¿Cómo se hace un resumen?

Para realizar bien el resumen, previamente has de haber leído y subrayado el tema y realizado el esquema. Con el subrayado has ido resaltando las ideas principales y las has diferenciado de las secundarias. Con el esquema has jerarquizado esas ideas previamente subrayadas y las has ordenado estableciendo su estructura lógica de dependencia. *Con el resumen rellenarás la estructura del esquema* completándolo con otros detalles, aclaraciones, precisiones y puntualizaciones. Así pues, has de tener delante tanto el esquema como el texto subrayado. El primero para orientarte en la estructura argumentativa y el segundo para rellenar dicha estructura con lo previamente subrayado. Si no tienes delante alguno de estos elementos, su confección resulta más difícil.

Su *extensión,* con respecto al original, debe oscilar entre 1/3 y 1/5. Una extensión mayor de 1/3 del original carecería de sentido, pues no podría decirse de ella que fuese propiamente un resumen, y te ayudaría poco a la hora del repaso. Una extensión menor de 1/5 del original sería demasiado reducida y faltarían en ella datos fundamentales. En muchos libros de texto las ideas están muy esquematizadas, de ahí que resulte difícil hacer un resumen que ocupe menos de la mitad del texto.

Ha de poseer *ilación interna* parecida a la del texto original; ésta es fácil de mantener si tienes delante el esquema. Las ideas han de tener unidad. No deben aparecer como datos aislados sin conexión mutua.

Ha de ser *breve,* aunque no tan telegráfico como el esquema. Las ideas han de quedar desarrolladas, no sólo apuntadas.

El resumen es algo *personal,* sobre todo si piensas sacar provecho de sus ventajas, tales como el incremento de la capacidad de expresión escrita, el desarrollo de ideas siguiendo un hilo conductor, etc. Por ello, los resúmenes del libro y de otros compañeros sólo los utilizarás como elemento de contraste para comprobar el tuyo. Si siempre te vales de los resúmenes de otros, no sacarás provecho de la técnica porque no la utilizas. Piensa que el resumen es una técnica activa, no pasiva.

5.3. Ventajas e inconvenientes del resumen

- El resumen, al ser una *redacción* que relaciona y desarrolla ideas, es un formidable ejercicio que *prepara para el examen,* donde se valora tanto lo que se conoce como la forma de expresarlo.
- Desarrolla la capacidad de *expresión escrita* del alumno. Considera que a escribir sólo se aprende escribiendo y que la memorización de datos no mejorará tu capacidad de redacción.
- Al ser *técnica activa,* que exige la entrega del alumno a la tarea, aumenta su capacidad de *atención* y *concentración* y, como consecuencia, su asimilación y memorización.
- Refuerza la capacidad de *organizar lógicamente* un material, capacidad que ya se había ejercitado con el subrayado y la confección del esquema.

A pesar de estas ventajas, la gran cantidad de tiempo que requiere aconseja que, aunque sea una técnica útil que debe practicarse, no se use en todos los temas, sobre todo cuando se anda escaso de tiempo. A diferencia del subrayado y del esquema, que son útiles y necesarios, el resumen casi siempre es *útil,* pero casi nunca es necesario, pues con el uso de las anteriores técnicas ya se ha producido la necesaria asimilación de los contenidos.

6. Recordar

6.1. Definición

El recuerdo consiste en recitar lo aprendido para comprobar el grado de asimilación y reforzar las huellas de la memoria. El tipo de recitado puede ser mental o en voz alta, y puedes ayudarte con la utilización de esquemas que se elaboran mientras se recita. Cuando recitas, has de alejar de ti el libro y los apuntes, sólo los consultarás para comprobar algún dato olvidado.

FIGURA 4.5. Recordar es necesario para fortalecer las huellas de la memoria.

Si has estudiado y *no recuerdas,* o no has aplicado las técnicas adecuadas, todavía necesitas *más repasos* hasta que los datos queden bien grabados en la memoria a largo plazo.

El recuerdo es la constatación del aprendizaje realizado. Para recordar te puedes valer de muchas ayudas pero, sobre todas, han de primar el uso del esquema y la comprensión conceptual del tema.

Si, después de subrayar, realizaste el esquema, ya has encontrado la estructura del tema. Intenta recordar ideas secundarias que expliquen o desarrollen el árbol de ideas captado en el esquema y verás cuán fácil te resulta ahora recordar el tema. El *esquema* hace que las ideas no queden en tu memoria aisladas y sin conexión, las ordena siguiendo un *hilo conductor.* Si sigues ese hilo, el *recuerdo* te resultará más *fácil.* Es posible que se te haya olvidado parte del esquema. No te preocupes. Échale un vistazo intentando grabar sus estructuras óptica y lógica y, luego, apártalo de ti e intenta, de nuevo, recordar el tema.

Otra de las claves del recuerdo es la *comprensión del material* memorizado. La comprensión consiste en la asimilación del contenido de un texto y ésta se consigue cuando detectas las ideas principales y su estructura organizativa, donde se relacionan unas ideas con otras siguiendo un hilo conductor. *Antes de memorizar* unos datos, procura *entenderlos* y relacionarlos entre sí. Si lo haces así, tanto la fijación en la memoria como su recuerdo te resultarán más fáciles. Si no entiendes algo, pregúntalo al profesor, a tus compañeros o consúltalo en un libro; pero, como norma general, procura entender antes de memorizar.

6.2. La importancia de recordar

El uso de la técnica del recuerdo tiene muchas *ventajas* para el estudiante:

- Le hace *conocedor de su grado de asimilación* y de la necesidad de seguir o no estudiando hasta lograr la deseada retención de los contenidos.
- Es una técnica activa, que *concentra* al estudiante sobre la tarea que está realizando e incrementa el rendimiento del mismo.
- Contribuye a *aclarar* las ideas básicas, así como las dudas que todavía quedan por resolver.
- Cada recuerdo *refuerza* las huellas del material recordado.

6.3. ¿Cuándo recordar?

No se necesitan menos de 3 o 4 lecturas con sus correspondientes recitaciones antes de haber aprendido un capítulo de memoria. Pero, ¿cómo distribuir las recitaciones?

— Después de haber realizado el esquema de una *pregunta* y de haberla repasado, intenta recordar para comprobar tu grado de memorización.

— Vuelve a hacerlo cuando hayas terminado de estudiar el *capítulo.*

— Cuantas veces lo consideres *necesario* hasta comprobar que ya te lo sabes.

— Una vez que hayas aprendido el tema, vuelve a recordar después de *cada repaso;* con ello estás reforzando tu aprendizaje y dificultando el avance progresivo del olvido.

7. Repaso

7.1. El repaso como medio para combatir el olvido

El principal medio para luchar contra el olvido es el repaso. En sentido literal *re-pasar* significa *pasar de nuevo;* y aplicado al estudio sería pasar de nuevo por todas las etapas anteriores del estudio. Pero no todas las veces que repases necesitas rehacer todo el proceso. Entre los repasos has de distinguir: el repaso de grabación (el primer repaso y aquellos en los que hayas olvidado casi todo) y los repasos de refuerzo.

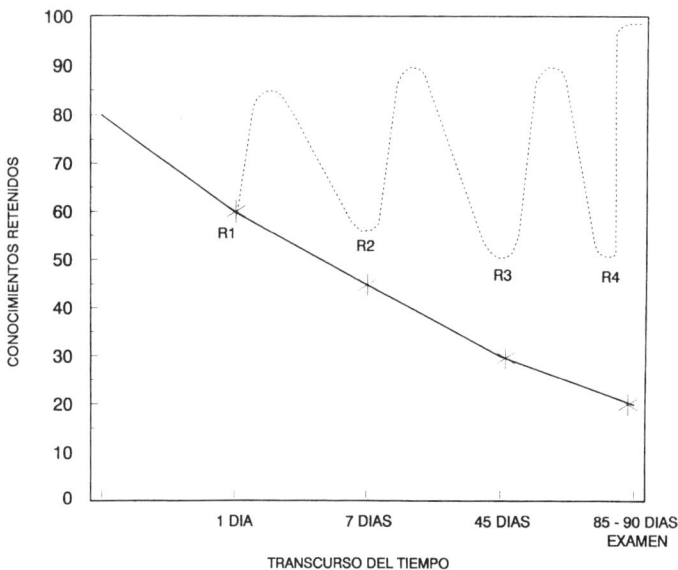

FIGURA 4.6. Curvas indicativas de la evolución de los datos memorizados sin repasar y repasando adecuadamente.

En los repasos de *grabación* debes leer el texto del apartado, luego has de detenerte en el texto subrayado completándolo, si consideras que te dejaste algo importante. Por último, has de mirar el esquema y comprobar que dibuja la estructura del tema.

En los repasos de *refuerzo* no es necesario que leas todo el texto. Con leer el subrayado y el esquema suele ser suficiente, pero has de leer con más profundidad si consideras que te faltan datos. En los repasos finales procura no mezclar varias fuentes de información, pues pueden dar lugar a interferencias e ideas poco claras. Es preferible que hagas una síntesis o un esquema que unifique toda la información y que centres los repasos sobre el mismo.

Los repasos fortalecen el aprendizaje realizado y hacen que los mecanismos del olvido funcionen más lentamente ya que:

— Recuperan la fuente de percepción que estimuló la memoria.
— Contribuyen a pasar el material, que se va a memorizar, desde la memoria a corto plazo hasta la memoria a largo plazo.
— Incrementan la comprensión de los contenidos, que es una de las claves de la memoria.

El repaso y el recuerdo son dos técnicas que suelen ir juntas la mayoría de las veces. Cuando repases, no te olvides de recordar a continuación; así, memorizas y constatas, al mismo tiempo, lo que has aprendido con el repaso. Si no lo haces así, pudiera ser que el repaso se convierta en pasar los ojos por encima de lo escrito, pero sin retener, por lo que estarías malgastando tu tiempo.

7.2. ¿Cuándo repasar?

El repaso es una técnica que combate el olvido y fortalece las huellas de la memoria; por ello, has de conocer las leyes del olvido para encontrar el antídoto contra el mismo.

Según Ebbinghaus, la mayor parte de lo que se aprende se olvida en las 24 primeras horas. En la semana siguiente se sigue olvidando mucho y lo que queda se olvida ya con bastante lentitud.

Según esto:

- Realiza un *primer repaso* nada más *terminar de estudiar* el tema, así refuerzas las huellas de tu memoria y pasas esos conceptos aprendidos, desde la memoria a corto plazo hasta la memoria a largo plazo. Si no has memorizado bien, quizá necesites realizar uno o dos repasos más en el día de estudio del tema.

- Si el mayor olvido se produce en las primeras 24 horas, repasa al *día siguiente* el material aprendido. Así recuperas la mayor parte de lo olvidado y obstaculizas el olvido en el momento en que más borra. Además, en este repaso confirmas el subrayado y el esquema, ya que el primer día quizá dejaras detalles de interés; ahora, con más perspectivas, los encontrarás.

- Haz otro repaso a la *semana,* te servirá para reforzar las huellas mnemotécnicas del tema y mantenerlas durante mucho tiempo en un nivel de recuerdo aceptable.

- A partir de aquí has de distanciar los repasos, de acuerdo con la *proximidad o lejanía del examen* y la cantidad de material que has de estudiar y repasar. Planifica los repasos de acuerdo con tu situación concreta. En el caso de los exámenes trimestrales, procura que este repaso intermedio esté situado *a mitad de camino* entre el repaso inicial y el repaso final. Según esto, el repaso del tema estudiado en el día 1 correspondería realizarlo en el día 45 y para el tema estudiado en el día 31 correspondería el día 60.

- Haz uno o varios repasos *finales*, según tus necesidades, en los días inmediatos al examen.
- En las horas inmediatamente anteriores al examen no debes repasar, pues en esas horas estás muy nervioso y la ansiedad de que estás preso no sólo impide que el material se fije en la memoria, sino que tiene efectos perjudiciales. Al interferir los conceptos repasados con lo memorizado, se produce el efecto de borrado sobre lo previamente memorizado. Además, la ansiedad bloquea la capacidad de recuerdo porque disminuye el nivel de acetilcolina, neurotransmisor directamente relacionado con el recuerdo de datos previamente grabados. Por ello, a veces observarás que se te queda la mente en blanco y parece que se te ha olvidado todo. No te preocupes, lo que ocurre es que el nerviosismo ha bloqueado tus recuerdos; relájate y comprobarás cómo éstos terminan regresando.

7.3. ¿Cuánto repasar?

No debes concentrar *muchos* repasos en *poco tiempo;* si así lo hicieras, ocurriría:

1.º Que *memorizarías poco,* ya que las estructuras del tema no tienen tiempo de madurar en la memoria a largo plazo.

2.º Que el continuo pase de material perceptivo produce *interferencias* que, como hemos visto, tienen un efecto de borrado sobre lo previamente aprendido.

Por lo tanto:

— Espacia los repasos teniendo en cuenta las leyes del olvido, la cantidad de material que has de memorizar y el tiempo de que dispones antes del examen. Recuerda que graban más en la memoria cinco repasos, espaciados en tres días, que diez realizados durante el mismo día.
— Comienza a estudiar varios días antes del examen y espacia tus repasos a lo largo del tiempo. Así, cada vez que repases, fortalecerás las huellas de la memoria y evitarás la caída de la curva del olvido.

8. Ejercicios sobre subrayado, esquematización y resumen

A continuación se presentan dos textos para ejercitar sobre ellos las técnicas de subrayado, esquematización y resumen.

Los pasos que has de seguir son los siguientes:
1.º Lee atentamente el texto en su integridad.

2.º Utiliza la técnica del subrayado:

— Lee el texto, párrafo a párrafo, una o dos veces más y procura diferenciar las ideas principales de las secundarias; por ejemplo, señalando las primeras con doble trazo y las segundas con trazo simple.

— Tu subrayado ha mejorado bastante, pero posiblemente todavía puedas mejorarlo. Repásalo y comprueba si puedes utilizar signos convencionales y realizar anotaciones marginales.
— Comprueba tu subrayado comparándolo con el indicado en el libro.

3.º Utiliza la técnica del esquema teniendo delante el texto subrayado.

— Realiza varios tipos de esquemas y comprueba sus ventajas y sus inconvenientes.
— Compáralos con el que viene en el libro.

4.º Aplica la técnica del resumen.

— Procura sintetizar el texto, sin perder contenidos importantes, e intenta reducirlo a 1/3 de su extensión.
— Compáralo con el resumen del libro (dada la condensación de textos escogidos, el resumen es más amplio de lo que generalmente se recomienda).

TEXTO N.º 1

La expansión hacia nuevas tierras

En los siglos XV y XVI, los europeos descubrieron gran parte de las tierras del planeta. Durante todo el siglo XV, los marinos portugueses buscaron sin cesar una ruta hacia las Indias. Marco Polo, en su «Libro de las Maravillas» había dado a conocer a fines del siglo XII las enormes riquezas que existían en China. Estimulados por ello y por conseguir una ruta marítima que eliminara los intermediarios de Oriente próximo, los portugueses bordearon el Cabo de Buena Esperanza. En 1492, Cristóbal Colón descubrió un «nuevo mundo» y en 1498 el portugués Vasco de Gama alcanzó las Indias Orientales después de bordear África. Había comenzado la época de los grandes viajes y de los descubrimientos.

Causas de los descubrimientos

Las razones por las que los europeos buscaban nuevas tierras eran muy variadas. La principal parece ser de tipo económico: conocer rutas para traer las especias de Asia, tan cotizadas en Europa; también animaba a muchos aventureros la búsqueda de regiones que, según las leyendas, estaban repletas de oro y otros metales preciosos.

Junto a las causas de tipo económico, hay que citar también las de tipo político y religioso. Castilla y Portugal habían finalizado sus conquistas territoriales derrotando a los musulmanes, y buscaban expansionarse a través de los mares.

También les movía el deseo de evangelizar a los infieles y extender la doctrina cristiana a todo el orbe.

Los grandes avances técnicos en la navegación facilitaron estos descubrimientos. A mediados del siglo XV surge la carabela, embarcación pequeña pero muy marinera y adecuada para las travesías oceánicas. Las antiguas galeras no tenían ni la velocidad ni la estabilidad de la carabela.

También fueron de gran ayuda los nuevos sistemas de velas, la utilización de la brújula y del astrolabio, imprescindibles para orientarse correctamente en alta mar, junto con nuevos tipos de timón y quillas.

Las repercusiones

Las repercusiones que tuvieron los descubrimientos fueron importantes para los habitantes de Europa. En primer lugar, modificaron la idea que se tenía de la forma y dimensiones del planeta. Desde los que creían que la tierra era plana (una gran mayoría), a los que pensaban, con el mismo Colón, que era de dimensiones mucho más pequeñas.

A lo largo de los siglos siguientes, las repercusiones económicas y sociales fueron impresionantes. Se impulsó un gran movimiento comercial que condicionó la economía europea, sobre todo a partir de mediados del siglo XVI. A América se enviaban esclavos africanos y productos manufacturados, mientras que a Europa llegaban oro, plata, madera, azúcar y otros productos.

EL MÉTODO: *EL-SER 3* *127*

Por otro lado, América sirvió de válvula de escape a grupos de población que la economía europea hubiera condenado al hambre. También algunas minorías disidentes emigraban para huir de las persecuciones: los primeros colonos de los actuales Estados Unidos de América fueron los calvinistas ingleses, que en el siglo XVII escaparon de la represión de sus reyes.

Portugueses y castellanos tuvieron el monopolio de la colonización durante mucho tiempo. Pero ingleses, holandeses y franceses iniciaron durante el siglo XVIII una política de creación de colonias que convirtió, sobre todo a los dos primeros, en las grandes potencias marítimas del siglo XVIII. (J. Prats y otros. *Historia*, pág. 164, Madrid, Anaya, 1987).

a) Subrayado

1 LA EXPANSIÓN HACIA NUEVAS TIERRAS

En los siglos XV y XVI, los europeos descubrieron gran parte de las tierras del planeta. Durante todo el siglo XV, los marinos portugueses buscaron sin cesar una ruta hacia las Indias. Marco Polo, en su «Libro de las Maravillas» había dado a conocer a fines del siglo XII las enormes riquezas que existían en China. Estimulados por ello y por conseguir una ruta marítima que eliminara los intermediarios de Oriente próximo, los portugueses bordearon el Cabo de Buena Esperanza. En 1492 Cristóbal Colón descubrió un «nuevo mundo» y en 1498 el portugués Vasco de Gama alcanzó las Indias Orientales después de bordear África. Había comenzado la época de los grandes viajes y de los descubrimientos.

2 CAUSAS DE LOS DESCUBRIMIENTOS

a) Las razones por las que los europeos buscaban nuevas tierras eran muy variadas. La principal parece ser de tipo económico: conocer rutas para traer las especias de Asia, tan cotizadas en Europa; también animaba a muchos aventureros la búsqueda de regiones que, según las leyendas, estaban repletas de oro y otros metales preciosos.
b) Junto a las causas de tipo económico, hay que citar también las de tipo político y religioso. Castilla y Portugal habían finalizado sus conquistas territoriales derrotando a los musulmanes, y buscaban expansionarse a través de los mares. También les movía el deseo de evangelizar a los infieles y extender la doctrina cristiana a todo el orbe.
c) Los grandes avances técnicos en la navegación facilitaron estos descubrimientos. A mediados del siglo XV surge la carabela, embarcación pequeña pero muy marinera y adecuada para las travesías oceánicas. Las antiguas galeras no tenían ni la velocidad ni la estabilidad de la carabela.

También fueron de gran ayuda los nuevos sistemas de velas, la utilización de la brújula y del astrolabio, imprescindibles para orientarse correctamente en alta mar, junto con nuevos tipos de timón y quillas.

3 Las repercusiones

a) Las repercusiones que tuvieron los descubrimientos fueron importantes para los habitantes de Europa. En primer lugar, modificaron la idea que se tenía de la forma y dimensiones del planeta. Desde los que creían que la tierra era plana (una gran mayoría), a los que pensaban, con el mismo Colón, que era de dimensiones mucho más pequeñas.

b) A lo largo de los siglos siguientes, las repercusiones económicas y sociales fueron impresionantes. Se impulsó un gran movimiento comercial que condicionó la economía europea, sobre todo a partir de mediados del siglo XVI. A América se enviaban esclavos africanos y productos manufacturados, mientras que a Europa llegaban oro, plata, madera, azúcar y otros productos.

c) Por otro lado, América sirvió de válvula de escape a grupos de población que la economía europea hubiera condenado al hambre. También algunas minorías disidentes emigraban para huir de las persecuciones: los primeros colonos de los actuales Estados Unidos de América fueron los calvinistas ingleses, que en el siglo XVII escaparon de la represión de sus reyes. | C

d) Portugueses y castellanos tuvieron el monopolio de la colonización durante mucho tiempo. Pero ingleses, holandeses y franceses iniciaron durante el siglo XVIII una política de creación de colonias que convirtió, sobre todo a los dos primeros, en las grandes potencias marítimas del siglo XVIII. (J. Prats y otros. *Historia,* pág. 164, Madrid, Anaya, 1987). | I

Comentario

En el subrayado de este texto observarás que:

— Se han diferenciado las ideas principales de las secundarias, señalando con doble trazo las primeras y con sencillo las segundas.

— Se utilizan signos convencionales: El recuadro para destacar fechas muy importantes. El subrayado vertical para indicar que todo lo que abarca ha de ser tenido en consideración. El redondeado de la enumeración marginal. Se indica con «C» que es necesario consultar ese dato, y con «I» que falta información, por lo que ha de ampliarse esa referencia.

— Se realiza el subrayado estructural en el margen izquierdo: los números 1, 2 y 3 para distinguir los apartados, y las letras a, b, c y d para ordenar las ideas importantes de cada apartado.

b) Esquema

DESCUBRIMIENTOS GEOGRÁFICOS DEL SIGLO XV

Desc. s. XV
- Hechos históricos
  - Antecedentes
    - Portugueses: ruta alternativa → Indias
    - Libro de las Maravillas M. Polo
  - Realizaciones
    - Descubrimiento América. Colón 1492
    - Ruta África → Indias Orientales. Vasco de Gama 1498
- Causas
  - Económicas
    - Búsqueda ruta especias
    - Afán enriquecimiento: metales preciosos
  - Político-religiosas
    - Expansión territorial de Castilla y Portugal
    - Afán de evangelización
  - Científico-técnicas
    - Desarrollo navegación: carabela, velas, brújula, astrolabio
- Repercusiones
  - Científicas
    - Conocimiento forma y dimensiones del planeta
  - Económicas
    - Comercio transoceánico
    - Cambios economía europea
  - Sociales
    - Migraciones intercontinentales
    - Válvula escape: hambrientos y perseguidos
  - Políticas
    - Formación imperios coloniales: español, portugués, inglés, holandés y francés

LOS DESCUBRIMIENTOS DEL SIGLO XV

1. HECHOS HISTÓRICOS
   1.1. Antecedentes
      1.1.1. Portugueses: Ruta alternativa → Indias
      1.1.2. «Libro de las Maravillas» de Marco Polo
   1.2. Realizaciones
      1.2.1. Descubrimiento América. Colón 1492
      1.2.2. Ruta África → Indias Orientales. Vasco de Gama 1498

2. CAUSAS
   2.1. Económicas
      2.1.1. Búsqueda ruta especias
      2.1.2. Afán enriquecimiento: metales preciosos
   2.2. Político-religiosas
      2.2.1. Expansión territorial de Castilla y Portugal
      2.2.2. Afán de evangelización
   2.3. Científico-técnicas
      2.3.1. Desarrollo navegación: carabela, velas, brújula, astrolabio

3. REPERCUSIONES
   3.1. Científicas
      3.1.1. Conocimiento: forma y dimensiones del planeta
   3.2. Económicas
      3.2.1. Comercio transoceánico
      3.2.2. Cambios economía europea
   3.3. Sociales
      3.3.1. Migraciones intercontinentales
      3.3.2. Válvula escape: hambrientos y perseguidos
   3.4. Políticas
      3.4.1. Formación imperios coloniales
         3.4.1.1. Siglo XVI: español y portugués
         3.4.1.2. Siglo XVIII: inglés, holandés y francés

c) Resumen

Durante los siglos XV y XVI los europeos descubren nuevas tierras. Como antecedentes cabe destacar el «Libro de las Maravillas» de M. Polo y la búsqueda por marinos portugueses de rutas alternativas hacia las Indias Orientales. Los hechos más notorios son el descubrimiento de América por Colón en 1492 y la ruta hacia las Indias bordeando África por Vasco de Gama en 1498.

Las razones de la búsqueda de nuevas tierras son varias. Económicas: conocer nuevas rutas para traer las especias de Asia y encontrar regiones repletas de oro y metales preciosos. Político-religiosas: finalizada la Reconquista, Castilla y Portugal buscan expansionarse allende los mares y extender la doctrina cristiana. Los nuevos avances técnicos de la navegación (carabela, velas, brújula y astrolabio) que hacían posible las travesías oceánicas.

Los descubrimientos tuvieron muchas repercusiones para Europa. Científicas: cambiaron la idea que se tenía de la forma y tamaño del planeta. Económicas: se impulsó el comercio transoceánico que condicionó la economía europea. Sociales: América sirvió de válvula de escape para hambrientos y minorías disidentes perseguidas. Políticas: la colonización de las nuevas tierras dio lugar a los imperios coloniales de España, Portugal, Inglaterra, Holanda y Francia.

TEXTO N.º 2

La educación y los hemisferios

¿Es posible que los programas de educación elemental que se limitan a la lectura, la escritura y la aritmética, eduquen principalmente a un hemisferio y desatiendan la mitad del potencial de un individuo? ¿Está todo el sistema educativo sesgado, en el sentido de descuidar las capacidades del hemisferio derecho?

Joseph Bogen, uno de los pioneros del procedimiento de escisión cerebral, ha propuesto con especial interés el desarrollo de lo que él mismo ha llamado «pensamiento aposicional» en las escuelas. La palabra *proposicional* fue adoptada por el neurólogo John Hughlings Jackson en el siglo XIX para describir la dominancia del hemisferio izquierdo con respecto al habla, el cálculo y otras tareas relacionadas. En contraste, Bogen acuñó el término *aposicional* para referirse al procesamiento de la información realizado por el hemisferio derecho en los sujetos bien lateralizados. Según el punto de vista de Bogen, la sociedad ha enfatizado excesivamente lo proposicional a costa de lo aposicional. Por ejemplo, los test de CI están dirigidos a las aptitudes, de tipo proposicional, del hemisferio izquierdo. Su uso viene justificado por la afirmación de que predicen el éxito en una sociedad que lo cuantifica en términos monetarios y de productividad. Bogen afirma que tales medidas son muy limitadas y no dan cuenta de la creatividad artística ni de otras aptitudes del hemisferio derecho, difícilmente cuantificables.

La idea de que la mitad de nuestra capacidad mental – precisamente la mitad derecha– está desatendida, ha ido apareciendo cada vez con mayor frecuencia en las revistas de temas educativos, en los manuales de autoayuda y en una variedad de publicaciones. Los artículos normalmente incluyen un resumen básico de algunos datos sobre lateralidad junto a la interpretación personal del autor de lo que tales datos significan. Algunos terminan con un consejo acerca de «potenciar el pensamiento del hemisferio derecho» o «entrenar al hemisferio derecho».

Estos artículos frecuentemente afirman que la principal competencia del hemisferio izquierdo es la representación lógica de la realidad y la comunicación con el mundo externo. El pensamiento, la lectura, la escritura, el cálculo y la preocupación por el tiempo, normalmente se atribuyen al hemisferio izquierdo. Los asuntos propios del hemisferio derecho, en contraste, son los patrones de comprensión y relaciones complejas que no pueden ser definidas con precisión y que pueden no ser de tipo lógico. Un autor afirma que las cualidades del hemisferio derecho son esenciales para la inspiración creativa, pero que suelen estar inadecuadamente desarrolladas... (Sally P. Springer y Georg Deutsch. *Cerebro izquierdo, cerebro derecho.* Pág. 265. Madrid, Alianza Editorial, 1988.)

a) *Subrayado*

La educación y los hemisferios

a) ¿<u>Es posible que los programas de educación elemental</u> que se limitan a la lectura, la escritura y la aritmética, <u>eduquen principalmente a un hemisferio y</u> <u>desatiendan la mitad</u> del potencial de un individuo? ¿Está todo el sistema educativo sesgado, en el sentido de descuidar las capacidades del <u>hemisferio derecho</u>?

b) Joseph Bogen, uno de los pioneros del procedimiento de escisión cerebral, ha propuesto con especial interés el desarrollo de lo que él mismo ha llamado «<u>pensamiento aposicional</u>» en las escuelas. La palabra *proposicional* fue adoptada por el neurólogo John Hughlings Jackson en el siglo XIX para describir la <u>dominancia del hemisferio izquierdo</u> con respecto al <u>habla</u>, el <u>cálculo</u> y <u>otras tareas</u> relacionadas. En contraste, <u>Bogen</u> acuñó el término *aposicional* para referirse al <u>procesamiento de la información</u> realizado por el <u>hemisferio derecho</u> en los sujetos bien lateralizados. Según el punto de vista de Bogen, la <u>sociedad ha enfatizado</u> excesivamente lo <u>proposicional</u> a costa de lo aposicional. Por ejemplo, <u>los test de CI</u> están dirigidos a las <u>aptitudes</u>, de tipo proposicional, del <u>hemisferio izquierdo</u>. Su uso viene <u>justificado</u> por la afirmación de que predicen el éxito en una sociedad que lo cuantifica en términos monetarios y de productividad. Bogen afirma que tales medidas son muy limitadas y <u>no dan cuenta de la creatividad artística</u> ni de otras aptitudes del <u>hemisferio derecho</u>, difícilmente cuantificables.

c) La idea de que la mitad de nuestra capacidad mental –precisamente la mitad derecha– está desatendida, ha ido apareciendo cada vez con mayor frecuencia en las revistas de temas educativos, en los manuales de autoayuda y en una variedad de publicaciones. Los artículos normalmente incluyen un resumen básico de algunos datos sobre lateralidad junto a la interpretación personal del autor de lo que tales datos significan. Algunos terminan con un consejo acerca de «potenciar el pensamiento del hemisferio derecho» o «entrenar al hemisferio derecho».

Estos artículos frecuentemente afirman que la principal competencia del hemisferio izquierdo es la representación lógica de la realidad y la comunicación con el mundo externo. El pensamiento, la lectura, la escritura, el cálculo y la preocupación por el tiempo, normalmente se atribuyen al hemisferio izquierdo. Los asuntos propios del hemisferio derecho, en contraste, son los patrones de comprensión y relaciones complejas que no pueden ser definidas con precisión y que pueden no ser de tipo lógico. Un autor afirma que las cualidades del hemisferio derecho son esenciales para la inspiración creativa pero que suelen estar inadecuadamente desarrolladas... (Sally P. Springer y Georg Deutsch. *Cerebro izquierdo, cerebro derecho,* pág. 265, Madrid, Alianza Editorial, 1988).

b) Esquema.

LA EDUCACIÓN Y LOS HEMISFERIOS

A. ¿Programas educación elemental, educan hemisferio izquierdo y desatienden derecho?

B. Proposicional/aposicional
   1. Jackson: pensamiento proposicional
      — Dominancia h. izquierdo
      — Sobre: habla, cálculo, etc.
   2. Bogen: pensamiento aposicional
      — Aposicional
        • Procesamiento información
        • Realizado por h. derecho
      — Sociedad enfatiza proposicional
        • Test CI dirigidos a aptitudes h. izquierdo → predicen el éxito
        • No dan cuenta creatividad artística → h. derecho

C. Cada vez más publicaciones: mitad capacidad mental desatendida
   1. El artículo incluye:
      — Resumen básico de lateralidad
        • H. izquierdo: lectura, escritura, cálculo, tiempo → representación lógica de la realidad
        • H. derecho: patrones de comprensión y relaciones complejas → inspiración creativa
      — Interpretación del autor
      — Consejo: entrenar h. derecho

c) Resumen

¿Los programas de educación elemental, educan principalmente al hemisferio izquierdo y desatienden al derecho?

Frente al pensamiento proposicional de Jackson, Bogen propone el pensamiento aposicional. Para Jackson el hemisferio izquierdo es el dominante con respecto al habla, cálculo, etc. Bogen se refiere con el término aposicional al procesamiento de la información realizado por el hemisferio derecho. Según Bogen, la sociedad ha enfatizado lo proposicional. Así, los test de CI se dirigen a las aptitudes del hemisferio izquierdo y ello se justifica porque predicen el éxito. Pero esta medición no da cuenta de la creatividad del hemisferio derecho.

Cada vez son más las publicaciones que inciden en que la mitad de nuestra capacidad mental está desatendida. Estos artículos constan de: 1.º un resumen básico de lateralidad con las competencias del hemisferio izquierdo (lectura, escritura, cálculo, tiempo, etc.), su objetivo es la representación lógica de la realidad, y del hemisferio derecho (patrones de comprensión y relaciones complejas). 2.º interpretación del autor. Y 3.º algunos consejos sobre cómo potenciar al hemisferio derecho.

5. El uso de técnicas activas

El *rendimiento* en el trabajo intelectual no sólo depende del esfuerzo realizado, sino también, y especialmente, de la técnica empleada. Si alguien, que quiere mover de su sitio una gran piedra, sólo utilizara la fuerza bruta de sus brazos, resultaría frustrado en su empeño o sólo conseguiría moverla después de gran esfuerzo; mientras que, si se vale de una palanca –más vale maña que fuerza–, logrará su objetivo con facilidad y poco gasto de energía.

En el esfuerzo que dedicas al estudio ocurre lo mismo. Si no utilizas las técnicas adecuadas, realizarás grandes esfuerzos –necesitarás muchas lecturas y repasos– para conseguir un éxito pequeño. Pero si utilizas la palanca de las *técnicas activas,* tú mismo comprobarás cómo *aumenta tu rendimiento.*

Seguramente te preguntarás: *¿por qué* las técnicas activas van a operar a modo de palanca en el estudio? Recuerda lo que hiciste ayer y recuerda también lo que leíste. Observarás que recuerdas *mejor lo vivido que lo leído.* Si de lo leído recuerdas un 10%, de lo vivido recordarás en torno al 60% por lo menos. Ésta es la clave. A

FIGURA 5.1. El empleo de técnicas adecuadas conduce a la eficacia.

través del empleo de las técnicas activas, tú vas a dejar de ser un simple lector, vas a implicarte en la lección, de tal modo, que tendrás la sensación de que la estás viviendo en cierta manera. Cuando pretendas recordar, a tu mente no sólo llegará la escasa fijación que te produjo la lectura, sino que tu recuerdo se verá reforzado por tus actividades y vivencias con respecto al tema. Habrá mejorado mucho tu rendimiento y disminuido el tiempo que dedicaste al estudio.

El estudio no finaliza en la lectura y el repaso de la lección. Eso tan sólo es el prólogo, tras el cual vienen las técnicas activas de: subrayado, esquematización, gráficos, formularse preguntas, hacer anotaciones, etc.

1. SUBRAYAR

Ya hemos hablado de esta técnica, como una de las partes del método «EL-SER 3». Consiste en *resaltar* las ideas más importantes de un texto, colocando una rayita debajo. Mientras lo haces, adoptarás una actitud activa; por ello, a las anteriores *ventajas* has de añadir las propias de una técnica activa:

- Mientras lo realizas te concentras más en el texto y serás más eficaz, pues la capacidad de distinguir lo importante de lo accesorio sólo funciona eficazmente cuando existe concentración.
- El texto se te hará más *interesante,* al dejar de ser algo amorfo y tener un sentido para ti.
- Te encontrarás más *motivado* para «hincar el diente» al texto que estás estudiando. Pronto habrás olvidado el esfuerzo inicial que hubiste de realizar al iniciar el estudio.

FIGURA 5.2. El uso de las técnicas activas ahorra tiempo y mejora la memorización y el recuerdo.

2. Hacer esquemas y gráficos

Los dos principales tipos de memoria que tenemos son la lógico-abstracta y la visual. Cuando lees un texto, lo entiendes y retienes sus principales ideas, has utilizado la memoria verbal de tipo lógico-abstracto. Cuando te vales del *esquema,* el gráfico o el dibujo como auxiliar para recordar, estás utilizando la *memoria visual.* La memoria lógica está ubicada en el hemisferio izquierdo, que es: verbal, secuencial, temporal, lógico, analítico, racional, abstracto, etc. La visual está situada en el derecho, que es: espacial, simultáneo, gestáltico, sintético, intuitivo, concreto, etc. Si utilizas *ambos tipos* de memoria, poniendo en funcionamiento ambos hemisferios, entonces estarás trabajando con el *doble de potencia* y el rendimiento en el recuerdo ha de ser mayor.

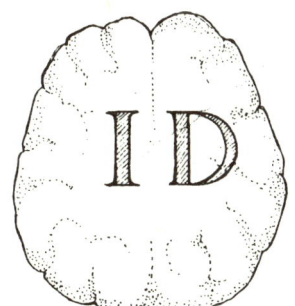

Verbal	Visual
Secuencial	Simultánea
Temporal	Espacial
Lógica	Gestáltica
Analítica	Sintética
Racional	Intuitiva
Abstracta	Concreta

FIGURA 5.3. Características de las memorias verbal y visual.

La *técnica del esquema* consiste en captar la estructura lógica del tema y en desarrollarlo, de *forma gráfica,* resaltando la importancia de las ideas y la dependencia de las secundarias con respecto a las principales. Su virtud radica en que ofrece, de forma visual, la jerarquía de las ideas importantes de un texto, motivo por el cual se favorece el recuerdo, ya que están operando al mismo tiempo la memoria lógica y la visual. Además, mientras estás realizando el esquema te estás convirtiendo en el protagonista que juzga y decide lo que es importante, para después clasificarlo de forma lógica y jerarquizada.

La memoria visual trabaja mejor cuanto más gráfica sea la forma en la que le ofreces tu esquematización. Las expresiones más gráficas son las fotografías, los esquemas y los *gráficos*. Éstos pueden venir dados a través de:

— Barras que ilustran porcentajes.
— Dibujos que dividen y clasifican las principales ideas de un tema.
— Dibujos que representan sintéticamente el tema tratado y especifican sus principales características.

El uso de los gráficos te aportará varias ventajas:

— La utilización de gráficos da lugar a la máxima utilización de la *memoria visual,* con su gran capacidad de síntesis y de visión de conjunto.
— Estarás utilizando los dos hemisferios cerebrales, en lugar de uno solo.
— Mientras estás realizando el gráfico, estás teniendo una *vivencia* que reforzará tu memorización y recuerdo del tema.
— Has ejercitado y desarrollado tu capacidad de *síntesis,* seleccionando las ideas principales y jerarquizándolas con respecto a la totalidad del tema del que forman parte.

3. Resumir

Ya hemos hablado con anterioridad de las ventajas y desventajas de la utilización de esta técnica. A las anteriores *ventajas* has de añadir, al ser activa, que:

- Te *concentra* en la tarea que estás realizando y te aparta de los factores que actúan como distractores.
- Facilita que el material sea *reelaborado* por ti.
- Al *implicarte vivencialmente* en el tema, hace que aumente tu interés con respecto al mismo.
- Favorece la *comprensión* del tema al estructurar y desarrollar sus ideas.
- Y todas estas vivencias aumentan tu *capacidad de recuerdo* del tema estudiado.

4. Formularse preguntas e intentar resolverlas

El hacerte preguntas, intentando buscarles respuesta, tiene la virtud de convertirte de pasivo lector en activo investigador implicado en el desarrollo del tema.

El *origen* de las preguntas que puedes formularte es variado:

- A veces, provendrá de *ti mismo*. A medida que te vas adentrando en el tema, te sentirás más informado y motivado por lo que te preguntarás: ¿por qué esto es así?, ¿cómo se relacionan estos dos conceptos?, ¿por qué A es causa de B?, ¿cuál es el origen de...?, ¿cómo?, ¿cuándo ocurrió...?, ¿quién realizó...?, ¿qué ocurrió...?, etc. La comprensión de los temas anteriores del mismo capítulo, y también las dudas pendientes, orientarán muchas de tus preguntas.

- Otras veces la fuente de tus preguntas provendrá del *exterior:*
  — Tu *profesor* quizá te haya mandado que respondas a unas preguntas después de estudiar el tema.
  — Otras veces será un compañero quien te hará una pregunta que él no tiene clara y que tú vas a intentar responder.
  — En el *libro* también encontrarás preguntas. Unas están al *comienzo:* son un pretexto para que el autor desarrolle el tema dando respuesta a las mismas. Otras están al *final* y sirven para que el alumno mida su grado de asimilación del tema estudiado.

El formularse preguntas, con el ánimo de buscar soluciones, es una técnica que te reportará muchas ventajas:

- Si te haces preguntas, pasarás de lector pasivo a ser un *investigador activo* que busca objetivos concretos, ordena y dirige tu energía hacia la consecución de ese objetivo.
- Mientras estás actuando con esta actitud, estás *viviendo el tema* y reforzando tu capacidad de recuerdo porque, como sabes, lo vivido se recuerda mejor que lo leído.
- Cuanto más propias sean las preguntas a las que intentas responder, más *personalizado* será también tu *aprendizaje.*
- La actividad en la que estás implicado *aumenta tu concentración* en lo que estás haciendo y, si la fijación es mayor, lo lógico es que aumente tu capacidad de recuerdo.

- Estarás *más preparado para* responder a las preguntas de los *exámenes,* ya que responder preguntas es una tarea a la que te encontrarás más habituado.

Meditar sobre lo estudiado ordenando y clasificando conocimientos, relacionándolos con otros, es otra forma de hacerse preguntas y de buscar respuestas, aunque tal vez más profundas. A veces conduce a encontrar otras vías alternativas de solución y a la innovación teórica o práctica en la resolución de un problema.

5. Resolver los ejercicios prácticos

Muchos *libros,* al final de cada capítulo, traen *ejercicios* prácticos; *resuélvelos.* Al intentar resolverlos, comprobarás cuál es tu grado de comprensión del tema estudiado y encontrarás las dificultades técnicas que conlleva.

La resolución de los problemas es una forma de responder a las preguntas formuladas; técnica activa que mejora tu grado de comprensión del tema y también el grado de memorización del mismo. Si eres incapaz de resolver los problemas planteados, todavía no has logrado la suficiente asimilación del tema, solicita ayuda y pregunta a un compañero o al profesor. Cuando, finalmente, hayas conseguido resolver el problema, habrás vivido una experiencia interesante, los contenidos habrán quedado reforzados en tu memoria y difícilmente los olvidarás.

6. El uso de vídeo, diapositivas y ordenador

Cada día es más frecuente el uso del proyector y del vídeo en clase. Tienen la ventaja de que ofrecen, de forma visual, datos que previamente han sido explicados. Su uso abusivo tiene el inconveniente de que puede conducir a los alumnos a comportamientos pasivos.

Más ventajosa resulta la elaboración de las propias diapositivas o del vídeo por parte de los alumnos dirigidos por su profesor. En ese caso, los alumnos verán facilitada su capacidad de síntesis y comprensión, y la vivencia del tema supondrá un reforzamiento tal de estos datos en su memoria, que difícilmente se les olvidará, aun habiendo transcurrido años después de la experiencia.

El estudio a través del ordenador puede ser eficaz, ya que tu actividad recibe una recompensa inmediata que refuerza tu conducta positiva y te estimula a seguir trabajando.

7. Contrastar lo leído con otras fuentes de información

La memoria se favorece con la acumulación de datos en torno a una problemática. Cuando los conocimientos sobre una determinada materia son nulos o mínimos, la formación de los primeros conceptos es una tarea ardua que lleva tiempo, ya que ha de comenzarse por la asimilación de la terminología básica, que resulta novedosa.

Cuando ya se tiene cierto dominio sobre una materia, la *acumulación* de conocimientos es *más fácil*. Éstos inciden sobre una

FIGURA 5.4. Contrastar las diversas fuentes.

base, sobre un contexto dentro del cual tienen sentido, mientras que los primeros datos aparecían, al principio, como datos aislados.

Al hacerte preguntas habrás notado que, a veces, los datos que estás leyendo, aparentemente se contradicen con lo leído en otro tema o en otra asignatura. Profundiza en tu investigación, consulta más datos y busca la causa de esa aparente contradicción. Si no logras encontrarla, no te conformes, pregunta a otro compañero o al profesor.

El contrastar ideas de *diferentes fuentes* desarrolla tu capacidad de *síntesis* y de crítica. Te ayudará mucho en la elaboración de trabajos y en los exámenes y te proporcionará una capacidad crítica que te resultará muy útil en tus investigaciones posteriores.

Al *contrastar* diferentes fuentes, estás realizando una *síntesis* personal, una visión propia de la problemática planteada que, indudablemente, favorece la mayor comprensión del material estudiado y su mejor retención, ya que no son meros datos aislados, sino un todo estructurado en un sentido determinado.

8. Charlar sobre el tema

Estudiar junto con otro compañero tiene ventajas e inconvenientes, como incrementar la distracción del alumno. Es preferible que estudies solo y luego te reúnas con un compañero o varios para comentar la lección. Cuando explicas la lección a tu compa-

figura 5.5. Charlando sobre el tema.

ñero, como si tú fueras el profesor, y cuando la comentas con él deteniéndoos en las dudas y puntos oscuros, estás contribuyendo a *organizar* en tu mente el *material estudiado.* Esta organización favorecerá tu capacidad de *comprensión,* una de las claves de la *memorización.*

De estas mismas ventajas te podrás beneficiar, si te preparas para intervenir en los debates de clase defendiendo determinados puntos de vista y rebatiendo los argumentos del contrario.

9. Tomar notas

Otra forma de mantenerte activo consiste en tomar notas mientras lees o escuchas lo que el profesor dice en clase.

La esquematización es una forma de tomar notas de lo leído; pero, además, puedes anotar en los márgenes de los libros tus dudas, impresiones y sugerencias. Las anotaciones hacen que el libro deje de ser para ti algo frío; ellas se convierten en símbolos indicadores que te orientan y refuerzan tu camino en el repaso y en la comprensión del tema.

Las *notas* tomadas en *clase,* durante la exposición del profesor, contribuyen a que te *concentres* y entiendas mejor las explicaciones dadas. Además, actúan de muro de contención contra los diferentes distractores que te acechan. Si estás atareado tomando apuntes de lo que se dice, evitarás la imaginación viajera, que te aleja de la clase, y también evitarás los comentarios impertinentes con el compañero de al lado que, además de distraerte, crean un ruido de fondo que molesta al profesor y dificulta la correcta audición de su exposición por parte de tus compañeros.

10. Aplicar reglas mnemotécnicas

La aplicación de trucos mnemotécnicos tiene la virtud de favorecer el recuerdo por dos motivos:

1.º El empleo de estos trucos se basa en el aprovechamiento de alguna ley del funcionamiento de la memoria o del olvido y, al ponerla en práctica, se *facilita el recuerdo.*
2.º Al buscar algún truco con el que mejor memorizar el material que se ha de retener te estás convirtiendo en un *estudiante activo,* que está convirtiendo el proceso de retención en una vivencia personal con respecto a ese tema, lo cual, como ya hemos visto, es una de las normas que hacen mejorar la memoria.

11. Ventajas de las técnicas activas

Si te acostumbras a estudiar de forma activa, utilizando las técnicas anteriores, pronto te verás sorprendido por las ventajas que su uso te proporciona.

- *Aumento* de tu nivel de *atención* y *concentración* en el estudio. Uno de los principales antídotos contra la distracción consiste en la utilización de las técnicas activas. Mientras que estás subrayando, esquematizando, resolviendo ejercicios, etc., dejas de estar pasivo y con ello dificultas la actuación de los elementos distractores. Al obligar a tu mente y a tu cuerpo a que se enfrenten a los problemas, de forma activa, tu interés por el tema favorecerá tu concentración en el mismo.

- Mayor *comprensión*. Si distingues lo principal de lo secundario, jerarquizas las ideas y elaboras una síntesis visual del tema, sin lugar a dudas que el grado de comprensión del mismo ha de verse favorecido.
- Mientras que estás activo, estás implicándote en el tema y ello trae como consecuencia que te parezca más fácil y más interesante. Esto, unido a la gratificación que produce el resolver un problema a través de la actividad, te motivará y te dará fuerzas para continuar el estudio con un interés creciente o, por lo menos, mantenido.
- Memorizarás y *recordarás* con más facilidad, pues has trabajado no sólo con la memoria lógica, sino también con la visual. Además, la vivencia del tema actuará como un reforzante de las huellas mnemónicas a largo plazo.

Si aplicas las técnicas activas en el estudio, rendirás más porque estás ofreciendo material a tu memoria a través de tres vías:

— La lógico-abstracta, que te proporciona la lectura y comprensión del texto.
— La visual, que proviene de la exposición gráfica de los datos: diapositivas, vídeos, películas, esquemas, dibujos, etc.
— La vivencial, que proviene de tu actividad.

6. Los apuntes

Una de las actividades que necesariamente ha de dominar el estudiante es la de saber tomar apuntes de las explicaciones dadas por el profesor en clase y de los libros que necesita consultar para estudiar o elaborar un trabajo. Es importante que aprendas bien esta técnica, ya que existe alta correlación positiva entre rendimiento escolar y habilidad para tomar apuntes. Pero esta habilidad no es innata, sino que se desarrolla con el ejercicio. Practica las normas que encontrarás a continuación y pronto verás cómo mejoran tus anotaciones y tu rendimiento académico.

1. Los apuntes de clase

Las *explicaciones* del profesor en clase son hoy día uno de los *elementos clave* de los estudios, pues normalmente se exige que en el examen conozcas esos comentarios y que te sirvan de base para la elaboración de los trabajos. Si no apuntas las explicaciones, aunque en el momento en que las oigas te parezcan evidentes, no tardarás mucho en olvidarlas; «las palabras se las lleva el viento», por eso has de anotarlas para que quede constancia de ellas, a pesar de los vendavales que azotan continuamente tu memoria.

1.1. Saber escuchar

Para poder anotar correctamente, has de aprender a escuchar. Para ello:

- Procura colocarte en un *sitio* que favorezca tu tarea: los primeros lugares de la clase tienen mejor acústica y en ellos es más difícil despistarse porque estás bajo el control directo del profesor. Has de evitar lugares desde los cuales no se vea bien el encerado o se vea con reflejos. Los últimos pupitres del aula son los que más favorecen la distracción y la charla con los compañeros de al lado, amén de ser el lugar desde donde peor se ve y se oye.
- *Siéntate correctamente,* ya que una postura excesivamente relajada favorece la desconexión con las explicaciones del profesor, invita a los viajes de la imaginación y hace que te cueste más esfuerzo escribir.
- *Mira al profesor;* así te concentrarás más en las explicaciones y captarás sus gestos, que también emiten mensajes significativos.
- Permanece en *silencio,* no charles con los compañeros, de este modo evitarás distraerte y molestar a tu profesor.
- *Atiende* a las explicaciones y procura no despistarte por unos u otros motivos.
- *Concéntrate* en la explicación, coge el hilo del tema y procura no perderlo a lo largo de toda la clase.

FIGURA 6.1. Pregunta si no entiendes.

- Antes de escribir, procura *entender*. En tus anotaciones sigue el siguiente proceso: escuchar-entender-escribir. Si anotas directamente lo que oyes, tendrás dificultad en discernir lo importante de lo accesorio.
- Levanta la mano y *pregunta* al profesor, si no entiendes algo, para que lo explique con más claridad.

1.2. ¿Dónde tomar los apuntes?

Cualquier cuartilla o folio no es el lugar más idóneo para tomar tus apuntes, ya que con el paso del tiempo los perderás o los colocarás confundidos donde no pertenecen y, cuando los necesites, posiblemente no los encuentres o perderás mucho tiempo en recogerlos y ordenarlos.

Tampoco un cuaderno cualquiera es el lugar adecuado, te obligarías a ir cargado a clase con todos ellos –uno por asignatura– y serían de difícil manejo cuando quisieras intercalar nueva información.

Lo más adecuado es utilizar un cuaderno con anillas y hojas *recambiables* de tamaño DIN A4 o folio. En el cuaderno que lleves a clase utiliza separadores de plástico para clasificar y conservar juntos los apuntes de cada asignatura. Cuando tengas mucha materia acumulada, pasa las hojas a uno o varios cuadernos similares que tengas en casa. Llevar siempre consigo los apuntes tiene el inconveniente de que, si pierdes el cuaderno, pierdes el trabajo de muchos días.

La utilización de hojas de menor tamaño tiene varios inconvenientes: dificulta la posibilidad de dejar espacios libres, pues apenas quedaría espacio para escribir; produce un mayor número de hojas escritas; dificulta la visión de conjunto, pues lo que se ha escrito en una página es muy poco y las ideas están divididas en varias páginas, etc.

No debes escribir en la misma hoja apuntes de dos asignaturas distintas; introducirías un gran desorden en tus apuntes o te obligarías después a perder tiempo para pasarlos a limpio.

Al inicio de cada hoja apunta la *fecha* y el título de la lección o apartado que se está explicando en ese momento. Te servirán en el futuro para llevar un control del ritmo de las explicaciones, contrastar tus apuntes con los de tus compañeros y controlar los apuntes que te faltan, según los días en los que no pudiste acudir a clase.

Deja *márgenes* en la hoja donde tomas los apuntes, sobre todo arriba y en el margen izquierdo. Deja también espacios en blanco

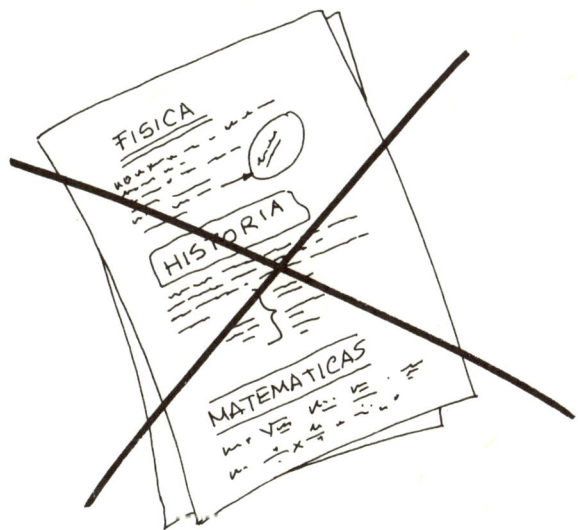

FIGURA 6.2. Folios diferentes para cada asignatura.

entre los párrafos. Así, cuando vuelvas sobre los apuntes para revisarlos, encontrarás espacio para completarlos y hacer las anotaciones pertinentes.

Cada vez que inicies un nuevo tema cambia de hoja; de esta manera ganarás en claridad y podrás manejar cada tema por separado.

1.3. Amplitud de los apuntes

La rapidez del profesor hablando es mayor que la tuya escribiendo; por ello no podrás anotar todas sus palabras, a no ser que emplees la taquigrafía o el magnetófono. Pero, ¿es necesario anotarlo todo?

Mucho se ha debatido sobre la *amplitud ideal* de los apuntes que han de tomar los alumnos en clase. Hay que precisar que la amplitud de las anotaciones *depende* mucho del tipo de *explicaciones* dadas por el profesor.

- Si en clase se sigue un *libro de texto,* las explicaciones suelen ser comentarios, aclaraciones de términos e ideas confusas o ampliación de datos que sólo son citados en el texto. En este caso, si las explicaciones son pocas, quizá puedas escribirlas en los márgenes del texto; y, si son abundantes, dedícales un apartado en tu cuaderno y anota la lección y apartado a que corresponden.

- Cuando no siguen un libro de texto los profesores, a veces, *entregan apuntes de clase* fotocopiados o a multicopista. En este caso puede ocurrir:

    — Que los apuntes sólo sean un guión en el que se fundamentan las explicaciones del profesor. En este caso, ilumina los apuntes con anotaciones al margen o al dorso para precisar y desarrollar los puntos que allí sólo se indican.

    — Que los apuntes entregados por el profesor coincidan, casi al pie de la letra, con sus explicaciones. En ese caso, poco es lo que has de añadir. Aprovecha la ventaja de que con anterioridad a la clase posees el texto. Si lo llevas preparado, podrás plantear tus dudas con toda la seriedad conceptual que te permite el haberlo estudiado previamente.

FIGURA 6.3. Diferentes actitudes ante la toma de apuntes.

- También puede ocurrir que no se siga un libro de texto y que el profesor *no haya entregado guión* alguno ni apuntes redactados. En ese caso toda la labor has de realizarla tú. ¿Cómo has de tomar los apuntes? Tres son las posibilidades a elegir en esta situación:
    — Intentar *anotarlo todo.* Si no sabes taquigrafía no podrás lograrlo y, aunque pudieras, no merecería la pena: muchas expresiones son de poco valor y otras son reiteraciones, por lo que estarás haciendo un gasto de energía del que sacarás poco fruto. A favor de tomar mucha materia podríamos argumentar que así los *datos son más ricos;*

que muchos profesores se deleitan leyéndose en los exámenes; que el calco de los apuntes reconforta su ego y, como consecuencia, la valoración del examen es mejor cuanto más se aproxime a lo dicho en clase. En su contra habría que considerar que al estar completamente atareado en la escritura, el alumno *no tiene tiempo para pensar y* puede perder el hilo de la exposición, confundiendo lo esencial con lo accesorio. A la hora de estudiar perderás más tiempo en clasificar el material, ordenarlo y obtener la visión de conjunto. Y en el examen, si no tomaste las ideas importantes, por muchas anécdotas que cuentes, serás poco valorado al faltar la estructura argumental del tema.

— Si sólo tomas el *esquema,* porque crees que los otros datos los recordarás fácilmente con sólo mirarlo, considera que, cuando pase el tiempo y actúe el olvido, no habrá forma de recuperar esos datos olvidados, y que tu nota en el examen será peor que la de aquel compañero que anotó todas las ideas importantes y tuvo ocasión de repasarlas.

— Se considera que el *mejor sistema* de anotación es el *intermedio,* en el que no anotas todo, pero tampoco te conformas con el mero esquema. Si procuras seguir el hilo de la exposición y tomas nota de lo importante, fijándote en las ideas-clave, su estructura y sus lazos de dependencia, tendrás anotados todos los datos que te interesan –sin adornos superficiales–; así lograrás, con facilidad, tener una visión de conjunto del tema explicado. No es necesario que, al anotar las ideas, emplees todos sus elementos sintácticos, puedes tomarlas en estilo telegrama a través de las palabras-clave de las frases.

1.4. ¿Cómo detectar las ideas importantes?

La mayoría de los profesores no llevan escrito todo cuanto van a decir, sino que usan un esquema que les sirva de guía en sus explicaciones. Si el profesor escribe este *guión* en la pizarra, *cópialo*, te servirá de orientación para poder estructurar y entender lo que se va a decir. Otros profesores, aunque no lo escriban en la pizarra, anuncian las preguntas y apartados. En ese caso, también te será fácil orientarte.

Si no se te ha ofrecido la guía anterior, eres tú quien ha de *detectar*, a través de las explicaciones, el *esquema* que sigue el profesor. Concéntrate en el *hilo argumental* de la pregunta y verás cómo es fácil seguirlo y mantenerse orientado.

Cada profesor tiene sus propias muletillas, que has de aprender a detectar. Además, la mayoría de los profesores emplean en sus explicaciones trucos y símbolos para *indicar* a los alumnos que lo que dijeron, van a decir o están diciendo es *importante*. Cumplen esa función expresiones tales como: «recuerden ...», «presten atención ...», «por tanto ...», «observen ...», «atiendan a ...», «consideren ...», «contemplen ...», «reflexionen ...», «adviertan ...», «fíjense en ...», «es fundamental...», «la clave está en ...», «se deduce que ...», etc. Otras veces, no lo avisan expresamente, sino que se valen de pausas, varían el tono de la voz, repiten o se valen de otros modos de enfatizar para destacar la importancia de una idea.

Para captar las ideas importantes sigue el hilo argumental y presta especial atención a la *relación* establecida entre las *ideas*, ya que unas te llevan a otras.

También debes apuntar los esquemas, gráficos y palabras técnicas que el profesor *anota en la pizarra* para explicarlas a continuación. Considera que las escribe en el encerado porque las juzga importantes; si no fuera así, no se molestaría en hacerlo.

Debes anotar *al pie de la letra* las definiciones, los problemas, los gráficos, las fórmulas y todo cuanto el profesor indique que lo hagas así.

Enumera los enunciados y puntos-clave y distínguelos del resto de lo anotado subrayándolos o destacándolos a través de letras mayúsculas.

Presta *atención al inicio y al final* de las explicaciones dadas a una determinada problemática. Al inicio, el profesor suele exponer lo que pretende demostrar e incluso hace un guión con los sucesivos pasos que se sucederán en la exposición o demostración. Al final, suele hacer una recapitulación de lo explicado y, a veces, una conclusión.

1.5. Utilización de las abreviaturas

Si eres lento escribiendo y no te da tiempo a tomar todos los apuntes que deseas, puedes mejorar utilizando abreviaturas; así *ahorrarás tiempo* en la redacción y te podrás concentrar más en las explicaciones del profesor. Confecciona tu propia lista, de acuerdo con tus estudios y la terminología más usual en ellos. Para uso general puede servir la siguiente:

+ = Más, positivo	p.e. = Por ejemplo
− = Menos, negativo	e.d. = Es decir
= = Igual, es lo mismo	N.B. = Nota bien, importante
≠ = No es igual, es diferente	q. = Que
> = Mayor que	p. = Para
< = Menor que	F.ª = Filosofía
× = Por	G.ª = Geografía
→ = Conduce a	H.ª = Historia
← = Viene de	C.F. = Compara

1.6. Terminología de los apuntes

Otro tema de debate se centra en torno a la terminología que se debe utilizar para tomar los apuntes de clase. Con excesiva frecuencia se recomienda que el alumno utilice sus propias palabras y no las del profesor. Ambos sistemas tienen sus ventajas y sus inconvenientes.

Si utilizas *tus propias palabras,* cuando repases entenderás el texto con más facilidad, pero el vocabulario técnico habrá mejorado poco. Esta pobreza de vocabulario se ha de dejar sentir a la larga y el profesor terminará detectándolo. Has de procurar mejorar la amplitud de tu vocabulario, pues una de las causas del fracaso escolar es la escasez de vocabulario de los alumnos y su falta de lectura comprensiva.

Si utilizas las *palabras del profesor,* quizás encuentres alguna dificultad inicial cuando revises los apuntes, pero el uso del diccionario y de un glosario de la materia te sacará de apuros. Además, observarás cómo poco a poco se va incrementando tu *rique-*

za de vocabulario y te podrás expresar con precisión en la materia en cuestión. Para familiarizarte con la terminología del tema, puedes leer con anterioridad el libro de texto o los apuntes multicopiados, si se te han entregado.

1.7. Revisión de los apuntes

La confección de los apuntes no se termina con su escritura durante la clase, sino que has de proceder a *revisarlos* y completarlos cuanto antes, a ser posible el mismo día, cuando los recuerdos todavía están *frescos*. Así recordarás con facilidad todo cuanto se

FIGURA 6.4. Revisar los apuntes cada día.

te olvidó anotar y es pertinente. Utiliza para ello los espacios en blanco que dejaste en los apuntes. Al proceder así, te beneficias por doble partida:

— Estás dando el *primer repaso* a la materia a estudiar.
— Estás *combatiendo al olvido,* justo en el período de tiempo en que más actúa.

En la revisión de los apuntes, además de *completarlos,* has de procurar ordenarlos, clasificarlos, enumerar sus principales características, subrayar lo importante, poner títulos, hacer esquemas, etc. Has de dejarlos preparados para el momento en que pretendas estudiarlos.

Si los apuntes están cogidos con suficiente claridad y son para tu uso personal, no pierdas el tiempo *pasándolos a limpio* porque nada ganarás con ese *trabajo extra*. En lugar de ello, complétalos con los de algún compañero o con el libro de texto, corrige los datos erróneos y comprueba que no olvidaste ninguna idea importante.

Si estás trabajando en equipo y te han encargado los apuntes de una determinada asignatura, complétalos antes de que se te olviden los datos de la explicación; termina de redactarlos correctamente; pásalos al ordenador para ofrecerlos dignamente a tus compañeros y no olvides dejar, para futuras ampliaciones de datos, espacios en blanco en los márgenes y entre los párrafos importantes.

1.8. Ventajas de tomar apuntes

Quizá te hayas preguntado alguna vez por la operatividad de las clases magistrales y te hayas cuestionado cómo es posible que en pleno imperio de la imprenta, de las fotocopiadoras, del vídeo y del ordenador, todavía se sigan dando clases como en la época de los sumerios, hace 5.000 años.

Cada día que pasa se emplean más métodos diferentes en la pedagogía de las asignaturas, pero la clase con las explicaciones del profesor todavía sigue siendo la piedra fundamental de la enseñanza. No vamos a entrar a justificar la oportunidad y utilidad de este sistema de enseñanza (que las tiene), el caso es que te tendrás que hacer con los apuntes a través de uno de estos dos procedimientos: fotocopiando el material recopilado por tus compañeros o tomándolos tú directamente. Es más aconsejable que los tomes tú, ya que esta actividad te reportará algunas ventajas de las que te podrás beneficiar.

1. Favorece la *asistencia a clase y la atención*. Si tomas tus propios apuntes te habituarás a no faltar a clase, ya que si lo haces, habrás de pedir apuntes extraños para rellenar el hueco que dejaste. Durante la clase no te distraerás hojeando otro libro, sumergiéndote en tus problemas, charlando con el compañero, etc.; si te despistas, perderás mucha información que ya no podrás anotar.

2. Te *concentrarás en la explicación* del profesor y seguirás mejor el hilo de la exposición, ya que estás atento e interesado en lo que se dice.

3. Mientras que estás tomando apuntes estás trabajando, por primera vez, el material que luego has de memorizar; y lo *estás memorizando* ya, de un modo activo y casi vivencial.

4. Las explicaciones del profesor, con sus aclaraciones, ejemplos, anécdotas, gestos, dibujos y anotaciones en la pizarra, son una especie de *representación* teatral del tema que se grabará en

tu memoria de manera especial. Por supuesto, mejor que leyendo los apuntes de otro.

5. Mientras que tomas apuntes y luego, cuando los revisas, estás ejercitando tu capacidad de *visión crítica*, al seleccionar las ideas y distinguir las que merece la pena anotar de los datos accesorios que las complementan y las adornan.

6. Al tomar notas estás poniendo en *ejercicio* simultáneamente varias *capacidades perceptivas e intelectuales:* visión, audición, valoración de la importancia de las ideas, clasificación, redacción, etc. La conjunción de varios de estos elementos habrás de necesitarla luego a la hora de redactar tu examen. Además, cuantos más medios utilices para memorizar, más fortalecerás las huellas de la memoria.

7. Si has elaborado tus propios apuntes, cada frase te puede traer un recuerdo de la clase, de los ejemplos puestos, de algo que te llamó la atención, etc.; serán unos *apuntes personalizados* con los que luego *trabajarás mejor* a la hora de estudiar y memorizar, pues ya te has implicado vivencialmente con ellos y te dicen algo. Mientras que si te enfrentas a la frialdad de unos apuntes ajenos, tu motivación será menor y te costará más entenderlos.

También puedes estudiar y sacar buenas notas trabajando con los apuntes de tus compañeros, pero las ventajas mencionadas las perderás. Además, te despistarás con facilidad en las clases, comenzarás a faltar a las mismas y, durante tus días de asistencia, permanecerás inactivo a lo largo de casi toda la clase. En las clases donde se toma apuntes, el silencio y la atención de los alumnos suele ser mayor que en las clases donde se explica el libro de texto o el profesor ha entregado previamente los apuntes redactados.

FIGURA 6.5. Siempre hay «listillos» que se aprovechan de los demás.

2. Los apuntes de los libros

Ya conoces la importancia que tiene el subrayado dentro de las técnicas de estudio. Pero, a veces, no es aconsejable subrayar. Si estás utilizando libros de alguna biblioteca, no debes subrayar ni escribir nada en ellos; después de ti los consultarán otras personas, que posiblemente busquen otros datos, tus señales sólo servirán para despistarlos y para machacar el libro. Si el libro es tuyo y es valioso, antiguo, raro, etc., tampoco debes subrayarlo porque estarías disminuyendo su valor. En esos casos debes tomar apuntes del libro.

2.1. ¿Cómo tomar apuntes de los libros?

- *Lee* primeramente todo el capítulo y, si éste es muy largo, un apartado o, por lo menos, toda la página para obtener una visión de conjunto y poder valorar lo leído. Durante esta lectura *no tomes ninguna nota;* no tienes marcos de referencia y todavía no sabes si lo que estás leyendo es esencial o superficial.
- Haz una *segunda* y reposada *lectura,* detente cuanto sea necesario en las frases y vuelve a leerlas de nuevo, si lo consideras oportuno. Cuando observes que una idea es importante y te interesa para el trabajo que has de elaborar, *anótala.*
- Procura anotar *ideas relacionadas entre sí,* de este modo lograrás obtener el sentido unitario de la pregunta. No reduzcas tus anotaciones a un amasijo de datos sueltos.
- Al tomar apuntes de un libro estás empleando una *técnica activa,* que contribuye al ejercicio y desarrollo de tu capacidad de atención y concentración en la tarea que estás realizando, pues, al implicarte vivencialmente en la tarea, los distractores externos e internos actúan menos sobre la atención. También ejercitas la capacidad de síntesis al buscar lo esencial separando el grano de la paja que lo adorna.
- No olvides anotar la *procedencia del texto* que estás anotando: autor, título, capítulo, apartado y página. Si no lo haces así, cuando necesites ampliar o citar esos datos, encontrarás gran dificultad para hacerlo.

2.2. ¿Dónde tomar las anotaciones? Las fichas

Si eres estudiante de Secundaria o de Universidad, el material más idóneo que has de utilizar para tomar apuntes de libros es el mismo que para tomar las anotaciones de clase: un cuaderno de anillas con hojas recambiables de tamaño DIN A4 o folio.

Si estás realizando un estudio de cierta envergadura: la tesina, la tesis o un trabajo de investigación, también puedes utilizar las hojas tamaño DIN A4 o folio y guardarlas en archivadores pero, en ese caso, posiblemente te resulte más útil, por su fácil manejo, el empleo de fichas para tomar tus anotaciones.

Los estudiosos que realizan un trabajo de investigación suelen emplear dos tipos de fichas:

- La *ficha bibliográfica,* su tamaño habitual es de 7 × 12 centímetros. Se suele encabezar con el nombre del autor; a continuación: el título del libro, editorial que lo ha publicado, así como año y ciudad de la publicación, número de la edición, traductor, número de páginas, número de gráficos y algún otro dato que te interese. En el reverso puedes anotar la temática que trata, tu valoración sobre el mismo, bibliotecas en las que puedes localizarlo, así como signatura que tiene en las mismas, etc.
- La *ficha de contenido* es de tamaño variable: 15 × 23, 10 × 15, etc. Se encabeza poniendo arriba a la izquierda el nombre del autor, el título de la obra, el capítulo del que se toma la referencia y las páginas comprendidas. A la derecha se suele poner, en letras mayúsculas, la temática o temáticas a que se refiere el contenido de la ficha. En el lugar reservado al texto puedes poner las citas del libro anteponiendo y posponiendo las comillas: «...», y citando la página de procedencia. También puedes anotar con tus pa-

Autor...
Título ....
Editorial...
Colección ....
Ciudad...
Año..
Edición ....
N.º de páginas ....
N.º de gráficos...

(anverso)

Temas tratados ....
....
....
....
Valoración ....
....
....
Bibliotecas...
....

(reverso)

FIGURA 6.6. Ficha bibliográfica.

labras el resumen del texto, tu valoración sobre el mismo, ideas que te sugiere, caminos de investigación, etc.

La utilización de las *fichas* –que debes clasificar en ficheros adecuados cuando tengas muchas– ofrece algunas *ventajas* con respecto a las anotaciones realizadas en folios recambiables:

— Son *más fáciles de clasificar* y reclasificar de acuerdo con tus intereses. Normalmente se clasifican por autores, pero también puedes hacerlo por materias. Considera que, a lo largo del tiempo, puedes necesitar clasificarlas de diferentes formas.

— Son de *fácil manejo* y son muy útiles para *contrastar* la opinión de varios autores: cinco fichas encima de la mesa ocupan poco lugar, se manejan fácilmente y luego, si están bien clasificadas, se pierde poco tiempo en reintegrarlas a su lugar original en el fichero.

— A medida que vayas incrementando el volumen de material recopilado, tendrás necesidad de *intercalar* el nuevo material y mantener el orden. Esto te resultará más fácil, si te vales de las fichas.

7. La memoria: ¿cómo mejorar su rendimiento?

1. Definición

La memoria es la capacidad de fijar, conservar y reproducir las imágenes de objetos, sentimientos y pensamientos en ausencia de la percepción de la que proceden. El fundamento de sus imágenes es la huella mnemónica que dejó la estimulación perceptiva.

La memoria *no es una facultad* aislada –el baúl de los recuerdos–, sino una función en la que intervienen un conjunto de procesos mentales interrelacionados, tales como: la percepción, la atención, la imaginación y el pensamiento. Pretender estudiar la memoria al margen de estos factores es desfigurar su realidad.

Mientras que la *imaginación* –hermana de la memoria por utilizar también las imágenes mentales– ha sido *exaltada* por ser uno de los elementos de la genialidad creadora, sobre la *memoria* han caído los más fuertes *reproches*. Se la ha considerado como la inteligencia de los tontos, se la ha tachado de idiotizar al alumno y de obstaculizar el desarrollo de la inteligencia. Comentaba Descartes que muchos presumen diciendo: «Yo soy inteligente, pero me falla la memoria», mientras que nadie presume con la expresión «Yo tengo excelente memoria, pero soy idiota».

Hoy, la valoración de su *importancia* con respecto a la inteligencia ha cambiado radicalmente. La mente del niño, al nacer, es como una pizarra en blanco, donde la experiencia irá escribiendo y la memoria conservando. Sin memoria seríamos incapaces de distinguir los objetos, de aprender a adaptarnos a las exigencias del mundo exterior y de pensar, pues para relacionar conceptos, previamente hay que tenerlos grabados. Lejos de ser una herramienta inútil, la memoria es la *base del pensamiento* y de la inteligencia creadora. El estudiante que, a igualdad de inteligencia, esté mejor dotado de memoria, estará también más preparado para el éxito académico.

2. Tipos de memoria

La memoria no es un fenómeno unitario, sino que múltiples factores mentales vienen a configurarla. Este carácter plural se pone más de manifiesto al estudiarla. Según el aspecto en que nos fundamentemos para su estudio, existen varias clasificaciones de la memoria.

2.1. Según el sentido utilizado en la percepción

Existe memorización de las *imágenes perceptivas* que proporciona cada uno de los sentidos. Así, podemos hablar de memoria auditiva, táctil, visual, olfativa, etc.

De entre estos tipos de memoria, dos son los que más destacan en el género humano: la *auditiva* y, sobre todo, la *visual* –se dice que una imagen vale más que cien palabras.

No prescindas de ninguna de ellas y aprende a integrarlas para sacar el máximo rendimiento en el estudio. Presta especial atención a tu memoria visual y ofrécele datos a través de esquemas, gráficos, dibujos, etc.

Además de las memorias sensoriales, existe la memoria *lógico-conceptual* que se vale de las sensoriales para sus recuerdos de relaciones de ideas y de pensamientos.

2.2. Memorias mecánica y significativa

La memoria *mecánica* es, en buena parte, la responsable de la mala fama que pesa sobre la memoria. Consiste en la *repetición literal* del material que se ha de memorizar. Cuando se obligaba a tus abuelos a memorizar la lista de los reyes godos o los ríos de España, recordando nacimiento, lugares de tránsito y desembocadura de los mismos, se les estaba obligando a utilizar, principalmente, su memoria mecánica. La utilización de la memoria mecánica únicamente, a la larga perjudica y dificulta el desarrollo de las facultades mentales; pero, hoy, este modelo de educación ha desaparecido de nuestras aulas.

La memoria *significativa* es la que *asimila contenidos,* y procede organizando el material, que se ha de memorizar, en torno a una estructura o marco de referencia. Estudiar a través de esquemas, comparar, contrastar, etc., son actividades que favorecen el uso de la memoria significativa.

Cuando estudias, por primera vez, una asignatura, en cierto modo has de utilizar la memoria mecánica, porque los términos específicos son totalmente novedosos para ti. Pero, a medida que vayas profundizando, los nuevos contenidos ya tendrán un marco de referencia; por ello, utilizarás menos la memoria mecánica y más la significativa. Si todavía estás empleando más la memoria mecánica, has de revisar tus técnicas de estudio ya que algo está fallando.

2.3. Según el grado de profundidad

Según la profundidad de los recuerdos podemos hablar de tres tipos de memoria:

a) Memoria de ahorro

Si meses después de haber realizado un examen, cuando crees haber olvidado todo, preparas de nuevo ese examen, observarás que se produce *ahorro* del tiempo invertido en memorizar esas lecciones con el mismo nivel de recuerdo que antes tenías. Esto es así porque, aunque creías haber olvidado todo, en tu memoria *había quedado el recuerdo* de ciertas estructuras; lo cual ha facilitado tu trabajo la segunda vez que has memorizado los mismos contenidos. Así, si la primera vez tardaste siete horas en memorizar, la segunda vez posiblemente sea suficiente con que sólo dediques cinco horas.

b) Memoria de reconocimiento

Muchas veces los alumnos se quejan de los exámenes en estos términos: «¿Para qué examinarse? Pocos días después se olvida mucho y, transcurridos unos meses, prácticamente todo». Nada más lejos de la realidad. Si al inicio de curso pasamos una prueba objetiva sobre una asignatura, por ejemplo Filosofía, a dos alumnos, uno que aprobó 1.º de Bachillerato y otro que termina de matricularse en ese curso, y les damos la instrucción de que sólo respondan a las preguntas que conozcan con toda certeza, observaremos que el recién matriculado no responde a ninguna pregunta –si el examen está bien diseñado–, mientras que el que tiene aprobada la asignatura y cree haber olvidado responderá, por lo menos, al 20% de las preguntas y, cuando transcurran varios años, todavía seguirá respondiendo a algunas de ellas. La educación ha dejado en su memoria un poso de aprendizaje que difícilmente olvidará en el futuro, aun cuando crea haberlo olvidado todo. Este poso, que forma parte de la cultura de cada uno, se manifiesta principalmente cuando se ha de reconocer algo.

c) *Memoria de recuerdo*

Es la memoria propiamente dicha. Consiste en la capacidad de *recordar*, con mayor o menor precisión, los *datos* que previamente han sido *grabados*. Cuando en el examen te preguntan un tema que has estudiado y recuerdas, al responder a esa pregunta estás utilizando la memoria en su grado más profundo.

En este tipo de memoria, los datos suelen ordenarse a modo de historia en torno a un núcleo significativo, que los estructura y los mantiene unidos en la memoria. Si los datos están dispersos, no tardarán mucho en ser olvidados.

2.4. Según su duración

Según el tiempo que dure el recuerdo en la memoria, ésta se denomina:

a) Memoria a Corto Plazo

El tiempo de retención de los datos dura poco, aproximadamente entre uno y treinta segundos. Sus *huellas* son de *actividad* y sus *imágenes* pertenecen al *presente;* por ejemplo, el recuerdo de un número de teléfono desde que se mira en la guía hasta que se termina de marcar. Transcurrido ese tiempo, el *ítem* se puede borrar de la memoria a causa de las interferencias de nuevas percepciones. Para conservarlo durante más tiempo necesita ser transmitido a la memoria a largo plazo.

La *amplitud del recuerdo* también es muy pequeña, en un solo golpe de atención lo normal es recordar 7 ± 2 *unidades* numéricas o sílabas inconexas. Si se trata de palabras con sentido, entonces se puede recordar una frase con cerca de 20 palabras.

b) Memoria a Largo Plazo

Su *huella es estructural* (no de actividad como la M.C.P.) y sus *imágenes pertenecen al pasado;* por ejemplo, el recuerdo que tienes del número de tu teléfono o de tu carnet de identidad.

Su *capacidad* es, prácticamente, *ilimitada* y su *duración indefinida.* Algunos recuerdos se mantienen en la memoria a lo largo de toda la vida.

M.C.P.	TRADUCTORES	M.L.P.
• Dura poco • Huellas de actividad • Imágenes del presente	• Repeticiones • Interés • Elaboración lógica	• Dura mucho • Huellas estructurales • Imágenes del pasado

FIGURA 7.1. Características de la M.C.P. y de la M.L.P.

El tiempo que tardan los recuerdos en pasar hasta la memoria a largo plazo y *consolidarse* en ella oscila entre los *15 minutos* y una hora. Si a un sujeto que ha aprendido una tarea, se le da un electroshock antes de haber transcurrido ese tiempo, olvidará lo aprendido. Pero, si se le da después de transcurrido el tiempo marcado, no se produce olvido por ello.

Una de las claves de la memoria está, pues, en los *procedimientos* que puedes utilizar para *traducir* las imágenes desde la memoria a corto plazo hasta la memoria a *largo plazo*. Esto se consigue:

— A través de la repetición de ese contenido.
— Automáticamente por el interés que el mensaje tiene para el sujeto.
— Elaborando lógicamente y de modo significativo el material que se ha de retener.

3. MNEMOTECNIA

El rendimiento de la memoria es mejorable con la práctica y con el uso de métodos adecuados que la potencian; por ello, desde el siglo VI a.C. en Grecia, pasando por Roma, siglos XIII (R. Bacon, Raimundo Lulio), XVIII y XIX, hasta nuestros días, ha sido constante la preocupación por encontrar reglas que auxilien en el uso de la memoria y favorezcan el recuerdo. No se trata de recetas milagrosas. Todas tienen su lógica y, bien analizadas, lo que hacen es elaborar el material que se ha de recordar, de modo que éste resulte más asequible a la memoria. El fundamento de la mnemotecnia es la *asociación de ideas* que enlaza los elementos sueltos y forma *grupos lógicos,* tarea para la que se han inventado multitud de técnicas.

A continuación exponemos las principales. Practícalas todas y adopta aquellas que mejor se adapten a tus gustos y den mayor rendimiento a tu memoria.

3.1. Organización lógica del material a retener

La memoria no trabaja bien con elementos aislados, sino que necesita *organizar* lógicamente el material que se ha de memorizar, pues los *elementos* se hallan mejor a través de la *totalidad* a la que pertenecen.

Así, observarás que si pretendes memorizar las siguientes letras: ATCIHIVNDSON, gastarás mucho tiempo en el empeño y, además, las olvidarás con prontitud. Pero si organizas las letras aisladas y formas con ellas una *palabra con sentido,* por ejemplo: CHINDASVINTO, las memorizarás con facilidad y las recordarás durante mucho tiempo.

Organiza los datos que hayas de memorizar procurando:

— Que estén relacionados entre sí.
— Que tengan sentido.
— Que se integren en un todo lógico.

Si organizas de este modo el material que vas a retener, memorizarás mejor, ya que el influjo de los factores interferentes será menor y la asociación de las ideas relacionadas favorecerá la retención de las mismas con un menor gasto de energía psíquica.

3.2. Historietas

Otra forma de *organizar lógicamente los elementos* que quieres retener consiste en la elaboración de *historietas* en las que los diferentes elementos quedan integrados. En la historieta, la evocación de *un elemento* te *lleva* a la evocación del *siguiente* y así sucesivamente hasta completarla.

Si pretendes memorizar las siguientes palabras: «avión, iglesia, banco, agricultor, casino, carta, reforma, crucero, barco, Mediterráneo», las retendrás mejor si formas una historieta con todas ellas. Por ejemplo: «un avión chocó con la iglesia causándole destrozos, el banco negó su ayuda, un agricultor ganó dinero en el casino jugando a las cartas, con él pagó la reforma y el resto lo gastó en un crucero en barco por el Mediterráneo».

Cuando el material que se ha de retener no son palabras sueltas, sino la lección de Historia, Ciencias Naturales, Filosofía, etc., la elaboración de la historieta es más fácil de realizar. Normalmente ya viene hecha en la pregunta y lo único que has de hacer es formar dos o tres hitos en la misma, de modo que cada uno de ellos aglutine elementos sueltos y te conduzca al siguiente. Esta labor se realiza, en parte, a través del esquema.

Los cuentos para niños adiestran sus memorias y cumplen una función pedagógica, al acostumbrarles a ordenar los datos según una secuencia de elementos que tiene su culminación en la totalidad y unidad del cuento.

3.3. Acrósticos

También puedes *organizar los elementos sueltos* que has de memorizar formando una *palabra* o una *frase* con las *iniciales* de estos elementos. Así retendrás mejor, ya que ahorrarás energía psíquica en la memorización de los mismos. He aquí varios ejemplos en los que se aplica esta técnica:

- —Si pretendes retener las diferentes fases de las técnicas de estudio –exploración, lectura, subrayado, esquema, resumen, recuerdo y repaso–, lo conseguirás fácilmente formando con sus letras *iniciales* la frase: «EL SER 3».
- —Si quieres memorizar los nombres de los reyes de España durante el siglo XIX –Carlos IV, Fernando VII, Isabel II, Amadeo I, Alfonso XII y Alfonso XIII–, lo lograrás formando la frase CAFERISA AMA ALAL con las *sílabas iniciales*.
- —Si deseas recordar el nombre de los grandes lagos americanos –Hurón, Ontario, Michigan, Erie y Superior– puedes recurrir a la palabra HOMES que forman sus letras iniciales.
- —También puedes lograrlo formando *una frase* en la que cada nombre se inicie *con una letra* de la palabra a retener. Así: «**h**inchado de **o**ro **m**urió el **s**ingular **E**steban», para recordar los nombres de los mencionados lagos americanos.

Este método también puedes utilizarlo para recordar *preguntas enteras*. En ese caso, el procedimiento a seguir será el siguiente:

1.º Reducir todo el texto de la pregunta a sus *ideas principales*.
2.º Condensar cada una de esas ideas en una *palabra* representativa.
3.º Formar el *acróstico* con la primera sílaba o letra de las palabras escogidas.

3.4. Versificación

El empleo de la rima y el ritmo es otra forma de favorecer la evocación de lo aprendido.

Los escolares suelen aprender la tabla de multiplicar fundamentándose en el *ritmo*. Se recita como si se cantara: 2 por 1 es 2, 2 por 2 cuatro, etc. A veces, también se han estudiado así ríos, montañas o comarcas. Sheila Ostrander refiere en su libro «Super-aprendizaje» que el empleo del ritmo en el aprendizaje logra resultados espectaculares.

La *versificación* es otro de los procedimientos tradicionales para lograr facilitar la memorización. De todos es conocida la estrofa empleada para memorizar los días que contiene cada mes:

> Treinta días trae noviembre
> con abril, junio y septiembre,
> veintiocho o veintinueve febroruno
> y los demás a treinta y uno.

3.5. Equivalencia cifras-consonantes

¿Quién no tiene la experiencia de haber olvidado el número telefónico consultado en la guía, al poco tiempo de haberlo marcado o de haberlo anotado en la agenda? Memorizar números es más difícil que memorizar palabras, ya que éstos son abstractos, mientras que las palabras hacen referencia a conceptos y realidades, más o menos concretas, que se asocian entre sí con lo que fortalecen las huellas mnemónicas y hacen más fácil la evocación.

Para superar esta dificultad se ha recurrido a un código numérico-verbal, que traduce las cifras a consonantes. Valiéndose de este código es fácil traducir cualquier número a una palabra o a una frase. Existen varios códigos, te proponemos el siguiente:

1.	d, t	6.	j, g,
2.	n, ñ	7.	c, q
3.	m	8.	f, v
4.	r, rr	9.	p, b
5.	l, ll	0.	z, s,

Para recordar mejor esta equivalencia de cifras y consonantes, puedes recurrir a una palabra-clave que contenga todas las consonantes a las que equivale dicha cifra. Por ejemplo:

1.	dato	6.	juego
2.	niño	7.	caqui
3.	mío	8.	favo
4.	raro	9.	pobo
5.	Lillo	0.	zas

Para uso de este código, además, has de tener en cuenta que:
— Las vocales no tienen valor, sólo sirven para formar las palabras.
— Sólo tienen valor las consonantes, a excepción de: h, k, w, x, y.
— En cada sílaba sólo tiene valor la primera consonante. Por ejemplo: «pronto» equivale a 91, ya que p = 9 y t = 1. Las demás consonantes sólo sirven para favorecer la formación de las palabras.
— Tampoco tienen valor los artículos, conjunciones e interjecciones. Sólo se utilizan para formar mejor las frases.
— En las fechas históricas es costumbre no tener en cuenta el guarismo 1 de 1.000, ya que un error histórico de un millar de años es totalmente ilógico. De este modo se gana en flexibilidad, ya que no es necesario iniciar siempre la palabra por las consonantes d o t equivalentes del 1.

En la aplicación práctica de esta técnica, has de seguir los siguientes pasos:

1.º *Aprender el código* de equivalencias «cifras-consonantes». Ayúdate de las palabras-clave para aprenderlo más fácilmente.
2.º *Buscar las consonantes* a que equivale cada una de las cifras del número. Por ejemplo, si has de retener el número 91: 9 = p, b; 1 = d, t.
3.º *Formar una palabra* o una frase en la que esas consonantes sean inicio de sílaba. Así, para memorizar 91 tendrías: pronto, pa-to, ba-ta, bo-te, Buda, etc. Escoge aquella que te resulte más fácil o esté relacionada con la fecha a memorizar.

Aplicando las normas anteriores, tendríamos:

— El número de teléfono 5349421 equivaldría a: «*lla-ma-ré pa-ra na-dar*».
— 1492, año del descubrimiento de América, a: «*rá-ba-no*».
— 1522, año de la primera vuelta al mundo, a: «*lu-nar año*».
— 1928, año en que Fleming descubre la penicilina, a: «*Buena-fe*».

A veces, puede resultar entretenido y dificultoso encontrar las palabras buscadas; para superar este inconveniente puedes modificar ligeramente el método construyendo frases en las que sólo tiene valor la consonante inicial de cada palabra. Este método tiene el inconveniente de que es más largo; pero tiene las ventajas de que resulta más fácil encontrar las palabras y de que la frase, a veces, puede hacer referencia a algún acontecimiento relacionado con esa fecha. Así, para:

— 1492, podrías emplear «*a*rcaicos *b*arcos *n*avegó».
— 1522: «*l*levó las *n*aves años».
— 1928: «*b*uscó a la *e*nfermedad *v*encer».

3.6. Empleo de la memoria visual

¿Qué dirías de un automovilista que en plena autopista no pasa su automóvil de la segunda velocidad? Posiblemente que no sabe conducir o que está haciendo el payaso. Muchos estudiantes emplean su memoria por debajo de la mitad de su capacidad de rendimiento y todavía no han detectado las causas de su fracaso en memorizar.

Emplea la estimulación visual o fotográfica que incrementará, de forma apreciable, el rendimiento de tu memoria lógica y verbal, ya que supone poner en marcha el hemisferio derecho del cerebro.

El cerebro humano está dividido en dos hemisferios unidos por el cuerpo calloso:

- El *hemisferio izquierdo* trabaja preferentemente a través de palabras y es secuencial –con la unión de varias palabras forma una frase, la unión de varias frases da lugar al párrafo y la unión de varios párrafos a la totalidad del texto–. Su pensamiento es lógico, analítico y obtiene la visión de la totalidad uniendo los datos parciales.
- El *hemisferio derecho* trabaja a través de imágenes visuales, es el responsable del razonamiento espacial y del aprendizaje intuitivo. Obtiene una percepción simultánea de la totalidad y su captación de la realidad no es analítica, sino sintética.

Diversas son las formas que puedes emplear para explotar tu memoria visual:

a)   El esquema

En él detectas la estructura de un texto y la expones de forma visual. De un solo golpe de vista captarás las principales ideas del tema en torno a las cuales se aglutinan las demás.

b) Gráficos y diagramas

Otra forma de explotar la memoria visual consiste en la elaboración de tablas, gráficos, dibujos y diagramas. Si estudias Ciencias Naturales, puedes dibujar la célula con las diferentes partes de que se compone, destacando sus principales características.

El dibujo logra formar la unidad de significado, dentro de la cual cada elemento se integra para cumplir una función. El recuerdo ya no será de elementos aislados, sino que la figura otorga a cada elemento unidad y significado, al tiempo que es un formidable soporte para la memorización.

3.7. Técnica de los lugares

Esta técnica –una de las más antiguas que se conocen, atribuida a Simónides de Ceos en el siglo v a.C.– consiste en asociar la imagen de la idea que se ha de memorizar con la imagen de un lugar conocido.

Recuerda un *itinerario* que uses habitualmente; por ejemplo, el que utilizas para ir al Colegio o al Mercado. Coloca en cada uno de los principales *puntos* de tu itinerario una de las *imágenes* que pretendas recordar. Por ejemplo, puedes recordar los reyes de España del siglo XIX colocando a cada uno de ellos sobre un hito de tu recorrido. Cuando quieras recordarlos, recorre tu itinerario y comprueba que cada cual está en el lugar en el que lo colocaste. Por ejemplo: Carlos IV, a la salida de tu casa; Fernando VII, junto al semáforo; Isabel II, en el estanco; Amadeo I, junto al banco; Alfonso XII, a la entrada del colegio; y Alfonso XIII, en el aula.

Procura modificar las condiciones naturales de las imágenes. Si exageras sus dimensiones, las reduces de tamaño de forma llamativa, las coloreas o las dotas de movimiento, serán datos que llamarán tu atención para que te fijes en ellas y las memorices con más facilidad.

3.8. Técnica de la cadena

A través de la asociación de imágenes se puede lograr memorizar, con relativa facilidad, una lista de palabras o un tema.

El procedimiento consiste en asociar las dos primeras *imágenes* de las dos primeras palabras de la lista; por ejemplo, si has de memorizar AVIÓN y ÁRBOL, te puedes imaginar un avión que choca con un árbol muy grande. Luego se une la segunda imagen con la tercera y así sucesivamente hasta terminar la lista, vinculando siempre cada imagen con la anterior y la posterior.

Esta técnica también sirve para memorizar un texto. En tal caso, hay que detectar las principales ideas del mismo y reducir éstas a una sola palabra. A continuación, se aplica la técnica y se unen todas las imágenes escogidas.

Las imágenes han de ser concretas, pues las ideas abstractas se retienen peor. En la relación de las imágenes que se encadenan se ha de procurar buscar situaciones cómicas, que resultan más fácilmente memorizables. Por ejemplo, un avión que choca con un árbol muy grande o un libro muy grande que, al cerrarse, aplasta al lector. Si pretendes memorizar las palabras: «AVIÓN, ÁRBOL, LIBRO y LECTOR», lo conseguirás fácilmente imaginándote que el avión choca con un árbol muy grande, que el árbol está dibujado dentro de un libro y que un libro muy grande, al cerrarse, aplasta al lector.

FIGURA 7.2. Técnica de la cadena.

3.9. Vivencia del tema

Las huellas mnemónicas producidas por la actividad o vivencia del sujeto se recuerdan mejor que las producidas por la mera lectura. Recuerda tu viaje fin de curso y el contenido de las lecturas de los periódicos de aquellos días. ¿Qué recuerdas mejor? Indudablemente aquellos acontecimientos que forman parte de tus vivencias.

Pero, *¿se puede vivir una lección?* Cuando te enfrentas con la lección a través de las *técnicas activas:* subrayas, haces esquemas, dibujas, comparas, te haces preguntas, haces una representación teatral, elaboras un vídeo, ves una película sobre el tema, etc., te estás implicando vivencialmente en esa lección. No dudes de que la recordarás mejor que si sólo la hubieras leído y repasado varias veces sentado en el sillón, ¡aunque la cantidad de tiempo dedicado sea igual! En la memorización, más que el tiempo invertido importa cómo se ha invertido, qué se ha hecho, si el aprendizaje ha sido activo o pasivo.

3.10. Interés por el tema

Una de las principales causas del fracaso escolar es la falta de motivación por el estudio, que hace que el estudiante vea los temas que ha de estudiar como poco interesantes.

La memoria es selectiva, atiende a lo que le interesa; por ello, has de procurar descubrir el posible atractivo de cada lección. Si logras *autoconvencerte* de que la materia que vas a estudiar es *interesante,* tardarás menos en aprender y más en olvidarla. Como aprender datos sin interés es difícil y poco rentable, debes organizar lo que has de aprender para hacerlo interesante y comprensible.

FIGURA 7.3. Lectura y vivencia.

Cuando estás atento e interesado por un tema, todo lo que cae dentro de su ámbito es sobreestimado. Si entre los muchos mensajes que da tu profesor en la hora de clase, figurara uno que dijera: «Mañana, a las 8.30 de la mañana, se reparten 2 millones de euros para cada uno de los alumnos de la clase», seguro que no olvidarías esos datos por el interés que suponen para ti, mientras que los otros mensajes quedarán bien pronto relegados al olvido.

El interés por una asignatura depende de tu motivación por el estudio, de la contribución de la misma a tus proyectos de futuro, de lo interesante que te la haga el profesor, de la amenidad de esta asignatura y, también, de tu esfuerzo por considerarla interesante, cuando te enfrentes con ella a la hora del estudio.

3.11. Repaso planificado

La principal técnica para fortalecer las huellas de la memoria es el repaso. Según la ley del ejercicio de Thorndike, las respuestas condicionadas no gratificadas se extinguen con el paso del tiempo. El repaso es una gratificación de la respuesta aprendida; por eso, con él fortaleces las huellas de la memoria y superas el obstáculo del tiempo.

No te excedas en el número de repasos realizados en un solo día porque, en lugar de grabar, estarías contribuyendo a confundir lo aprendido, pues:

- La *interferencia* de los datos, tantas veces presentados ante la memoria, da lugar al olvido.
- No dejas tiempo a las ideas para que *maduren* en tu mente y se hagan estables. Para pasar de la Memoria a Corto Plazo hasta la Memoria a Largo Plazo, las huellas de la memoria necesitan

FIGURA 7.4. Se recuerda lo que interesa.

unos quince minutos de reposo. Por ello, descansa durante unos minutos después de una hora de estudio. Este tiempo te servirá para convertir en estables las huellas de lo aprendido y para recuperarte física y psíquicamente. Dice el refrán a este respecto: «lección dormida, lección aprendida», pues durante el sueño la interferencia es muy pequeña y hay tiempo más que suficiente para que las huellas maduren y pasen a la Memoria a Largo Plazo.

Haz un plan de repaso según tus necesidades y no olvides realizar:
— Uno o varios repasos iniciales de grabación.
— Varios repasos intermedios para fortalecer las huellas de la memoria.

— Repasos finales para tener frescos esos datos el día del examen.

Si el repaso lo auxilias con el empleo de las técnicas de estudio que se contienen en el método «EL-SER 3», con las técnicas activas y con las otras herramientas mnemotécnicas de este apartado, el éxito te será más fácil.

3.12. Comprensión

Como muy oportunamente dice el refrán castellano: «lo que bien se aprende, tarde se olvida».
El peor enemigo de la memoria es la confusión o «tener cogidos los conceptos con alfileres».
Antes de memorizar has de *entender* el texto. Haz un esquema en el que veas los lazos de dependencia de las ideas del texto, relaciona unos datos con otros, consulta en el diccionario los términos desconocidos, pregunta al profesor lo que no entiendas... Nunca te quedes con la duda, pues los *datos confusos y* desordenados son la primera y más fácil víctima del *olvido*.
Si memorizas de forma mecánica lo que no entiendes, te desmotivarás, gastarás mucho tiempo en memorizar, olvidarás pronto y sacarás poco provecho de tu esfuerzo.

3.13. Simplificación

Una de las mejores formas de buscar la claridad y el orden es la simplificación.

El recuerdo se mejora cuando se introduce la simplificación en la complejidad de los datos que has de estudiar –desechas lo superficial para quedarte con lo esencial– y a ello contribuyen técnicas como el subrayado, los esquemas, la clasificación, etc. Al simplificar has de encontrar el nexo lógico que une las ideas, con el objeto de que una te lleve a las otras y no te pierdas. Procura no eliminar ninguna de las ideas importantes.

Algunas de las técnicas de este apartado, como los acrósticos, el método de la cadena, etc., en realidad son ejemplos de supersimplificación.

3.14. Disposición de los ítems según su dificultad

a)   Interferencias

Cuando se pretende memorizar una lista de palabras, los *primeros elementos* de la serie son los que *mejor* se retienen, sólo sufren el influjo inhibitorio de los siguientes. Los últimos se retienen con un poco más de dificultad, sólo sufren el influjo inhibitorio de los precedentes. Los intermedios resultan los más difíciles, pues sufren el influjo inhibitorio de los elementos anteriores y posteriores. Cuando lo que has de memorizar es una lección y no una simple lista de palabras, ocurre algo parecido.

Aprovecha esta ley de funcionamiento de la memoria y dispón los elementos que has de memorizar en el siguiente orden: los más difíciles al principio, los más fáciles en el medio y los de dificultad intermedia al final.

b) Rendimiento

Cuando estudies varias asignaturas en un día, has de tener en cuenta otros factores, como son la motivación y la fatiga. Por ello, se recomienda comenzar a estudiar por la asignatura más fácil, para calen-

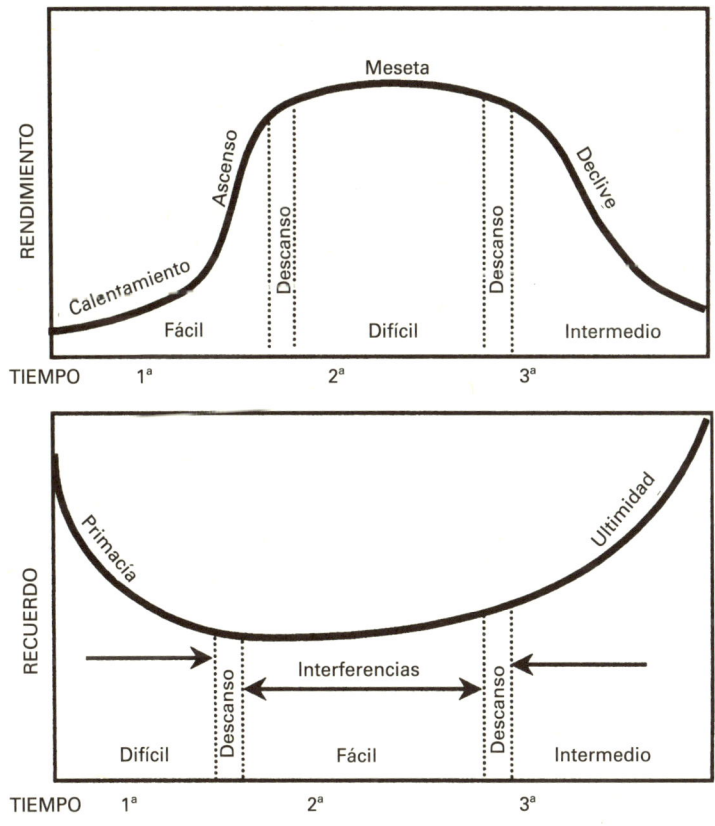

FIGURA 7.5. Comparación de las curvas de rendimiento psíquico y de interferencias durante 3 horas continuadas de estudio.

tar motores y motivarse. A continuación la más difícil, justo cuando más rinde la mente, y para el final la de dificultad intermedia.

De la comparación de las curvas de las interferencias y del rendimiento psicofísico se concluye que posiblemente hayan de tenerse más en cuenta las interferencias a la hora de memorizar, y el rendimiento psíquico cuando se planifique estudiar varias asignaturas o realizar actividades diversas.

3.15. Establecimiento de marcos de referencia

Aprender más y más sobre una determinada materia es otro de los medios de fortalecer la memoria en esa asignatura.

Los primeros días que te enfrentas con una materia nueva, tu aprendizaje es casi mecánico, ya que careces de marcos de referencia y casi todos los conceptos te resultan novedosos. Una vez que has adquirido la base conceptual, tu aprendizaje progresará a marchas agigantadas, pues todos los elementos nuevos tienen un referente previo al que se suman y que les da sentido y unidad. Por ello es conveniente que no sólo utilices los apuntes de clase, sino que los complementes con la lectura de libros y artículos de revistas especializadas.

4. El olvido

4.1. El olvido y sus causas

El olvido consiste en la imposibilidad de reproducir datos que previamente fueron fijados en la memoria, a pesar de nuestro esfuerzo por recordarlos.

LA MEMORIA: ¿CÓMO MEJORAR SU RENDIMIENTO?   203

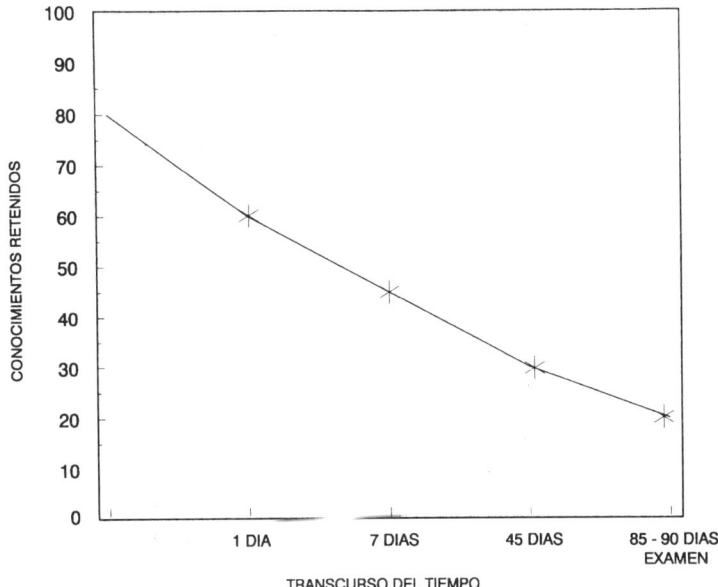

FIGURA 7.6. Curva del olvido con datos significativos.

Ebbinghaus estudió la curva del olvido y encontró que inmediatamente después de aprender se olvida con rapidez, y que luego el olvido progresa más lentamente porque la velocidad del olvido disminuye con el tiempo; de ahí la oportunidad de los repasos para fortalecer las huellas de la memoria e impedir que la curva del olvido progrese.

Entre las múltiples causas del olvido, merecen ser destacadas las siguientes:

• *Fijación deficiente.* Aquellos contenidos, que no fueron muy bien comprendidos y que se retuvieron de forma mecánica, sufren el efecto del olvido más que los que se entendieron con facilidad. Lo mal fijado se borra antes que lo que se aprendió bien y sin dificultad. El material sin sentido se olvida antes que el que tiene sentido, por ejemplo: ATCHVNIOSDNI se olvidará antes que CHINDASVINTO, y es que en el primer caso se han de memorizar doce letras inconexas y sin sentido; y, en el segundo caso, se memoriza una sola palabra y con sentido.

- *Desuso.* Con el paso del tiempo las huellas dejadas por los estímulos en el sistema nervioso son borradas hasta que ya no pueden ser activadas. El paso del tiempo opera sobre las huellas mnemónicas, al igual que las olas del mar sobre las marcas que dejas sobre la arena. Poco a poco las va borrando, si no se repasan. El repaso fortalece las huellas de la memoria y es un formidable antídoto contra el olvido.
- *Interferencia.* Para consolidar las huellas en la Memoria a Largo Plazo se necesita un tiempo no inferior a los 15 minutos. Cuando, después de realizado un aprendizaje, se emprende otro, las huellas del segundo aprendizaje interfieren con las primeras y dificultan su consolidación en la memoria; por ello, el tiempo invertido en memorizar cuatro páginas no es el doble que el invertido en memorizar dos, sino mayor. Los tipos de interferencia pueden ser:

—Inhibición **retroactiva.** Se da cuando se procede a estudiar un tema nuevo, sin haber dejado el tiempo necesario para que las huellas del tema estudiado se consoliden en el cerebro. Por ejemplo, si estudias Historia y luego Matemáticas, los temas de Matemáticas interfieren con las todavía débiles huellas de Historia y dificultan su consolidación. Así pues, unos minutos de inactividad hubieran favorecido la retención de lo estudiado en primer lugar. La interferencia es mayor cuanto más parecidas son las asignaturas estudiadas. Así, si estudias Francés y luego Inglés, se producen más interferencias que si estudias Francés y luego Matemáticas.

— Inhibición **proactiva**. Consiste en la dificultad de recuerdo de la asignatura estudiada en segundo lugar. Ello se debe a la interferencia de sus huellas con las huellas de la estudiada en primer lugar.

Las interferencias son mayores en los primeros momentos de estudio de una asignatura, cuando todavía tienes muy pocos marcos de referencia sobre la misma y las huellas son muy tenues. Lo memorizado mecánicamente, los datos sueltos y sin sentido sufren más de los efectos de la interferencia. A los temas con sentido, estructurados, bien asimilados y comprendidos les afectan poco las interferencias.

Durante el sueño, la interferencia es casi nula; por ello, lo memorizado antes de dormir se conserva mejor, ya que pasa a la M.L.P sin obstáculos que se lo impidan.

- *Desinterés*. Tendemos a recordar aquellas informaciones que nos interesan o son de utilidad y a relegar al olvido aquellas que no captan nuestro interés, cualquiera que sea su causa. Cuando el profesor te dice la nota que sacaste en el examen no la olvidas, pues te interesa mucho la información; del resto de lo que dijo en la hora de clase olvidarás más del 80 % al no interesarte tanto. Una buena forma de fortalecer el recuerdo de un tema es convencerse de que éste es interesante.

4.2. La función del olvido

El olvido, contra lo que pudiera parecer a primera vista, es una necesidad de la mente humana y contribuye a su correcto funcionamiento. La memoria retiene aquellos datos que le interesan, por unas u otras razones, y con el paso del tiempo elimina el resto. Si no se olvidara, en la memoria se aglutinarían un montón de datos que dificultarían la labor del pensamiento, pues cuando necesitases recordar un dato, éste vendría acompañado de multitud de datos superficiales que oscurecerían al dato buscado. Este carácter selectivo de la memoria se manifiesta diariamente en el olvido de datos sin interés y de detalles aislados e inconexos.

8. ¿Cómo preparar y realizar eficazmente los exámenes?

Los *exámenes* son la *prueba de fuego* del estudiante. De poco te serviría creer que has aprendido si en el examen no sabes o no puedes exponer correctamente tus conocimientos. Ellos miden tu grado de asimilación de la materia estudiada y, con su calificación de apto o no apto, determinan –según la transcendencia del mismo– si pasas el examen, la asignatura, el curso o la oposición.

No vamos a pretender justificar su necesidad en nuestro sistema educativo. Los exámenes son una realidad por la que necesariamente han de pasar los estudiantes. Por eso les preocupan y se preguntan: *¿qué puedo hacer* para mejorar mi rendimiento en los mismos?

Los exámenes también tienen su *técnica:* para realizarlos con éxito has de preparar bien la materia, estar en buenas condiciones físicas y emocionales y adoptar las actitudes adecuadas durante su desarrollo.

A continuación encontrarás algunas *recomendaciones*. Si las sigues, observarás que aumenta tu rendimiento ante los mismos. Estas recomendaciones se refieren a tu actividad con anterioridad al examen, durante el mismo y después de realizado.

1. Antes del examen

1. La *preparación* del examen no se debe *iniciar* un par de días antes con prolongadas sesiones de «empolle», sino el *primer día del curso* con tu asistencia a clase y la toma de apuntes. Poco después, has de comenzar a llevar al día las asignaturas. Utiliza el método «EL-SER 3» y ayúdate con el uso de las técnicas activas. Si así lo haces, cuando vayas a «preparar definitivamente» el examen, observarás que ya tienes recorrida la mayor parte del trayecto.

2. Especial atención has de prestar al *repaso*, con él *refuerzas las huellas* de tu memoria. Al igual que una marca sobre la roca se hace más profunda cuanto más se repasa, así también las huellas mnemónicas se fortalecen con los repasos. Estudia con anterioridad al examen y repasa para prepararlos.

Entre el estudio inicial y el repaso final has de realizar varios repasos intermedios. Su número variará según la cantidad de materia que has de memorizar, la dificultad de la misma y el tiempo que transcurra desde el estudio inicial hasta la fecha del examen.

Cuando el examen lo vayas a realizar un trimestre o un año después de haber estudiado un tema, conviene que distribuyas los repasos de la siguiente manera:

- El repaso *inicial*, al día siguiente de haberlo estudiado, es muy eficaz porque detiene la fuerte caída inicial de la curva del olvido. Con las huellas mnemónicas ligeramente borradas es más fácil recuperarlas, casi en su totalidad, con un pequeño esfuerzo.
- Los repasos *intermedios*, que fortalecen las huellas mnemónicas y las conservan en la memoria para cuando las necesites,

con tal que hagas un pequeño esfuerzo por recuperarlas a través de los repasos finales. Estos repasos afianzan el recuerdo y aumentan la comprensión del tema estudiado.

- Los repasos *finales,* poco antes del examen, para tener frescos los conocimientos en la fecha del examen.

3. Organiza un *plan de repaso* de acuerdo con el número de asignaturas y de exámenes, la cantidad de materias que has de repasar y el estado actual de tu conocimiento de esas materias. Haz un gráfico de tu programación e intenta respetarlo. Deja algún tiempo libre en este programa. Así, en caso de algún imprevisto, podrás utilizar este tiempo para repasar y, si todo va bien, para divertirte o hacer ejercicio físico.

4. Cada *sesión de estudio o repaso* ha de ser, aproximadamente, de una hora, después has de dejar unos cinco minutos para descansar. Tras cada hora más que dediques al estudio, aumentarás en cinco minutos más el tiempo dedicado al descanso.

5. ¿Es posible *mezclar las asignaturas* cuando estudias o repasas? Si varías de materia después de una o dos horas de estudio, introducirás amenidad y te sentirás más relajado, pero tiene el inconveniente de que los nuevos contenidos interfieren con lo aprendido y se produce cierto efecto de borrado sobre lo memorizado. Variar de materia, por ello, es más aconsejable durante el estudio que durante el repaso.

6. *Empollar la noche anterior* al examen, costumbre tan arraigada en los estudiantes, produce alguna retención memorística, pero no es el procedimiento de estudio más recomendable. El último día has de dedicarlo a repasar o a realizar algo de ejercicio físico, no a estudiar materia nueva.

El empolle de la noche anterior al examen tiene varios *inconvenientes:*

- Sobre el material estudiado por primera vez –en las primeras 24 horas– es sobre el que *más actúa la curva del olvido;* así, muchos datos que considerabas memorizados la noche anterior al examen, notarás que no puedes recordarlos durante el mismo.
- Sufrirás una fuerte *fatiga física y psíquica* y estarás en una situación deplorable a la hora del examen.
- El estudio a presión, durante un par de noches, *dificulta* la adquisición de la visión de conjunto sobre el tema. Si no logras tener esta *visión de conjunto,* memorizarás los datos como elementos sueltos y descoordinados por lo que se te olvidarán con prontitud.
- En el examen tendrás muchas *ideas turbias* e inestables y muchos datos aislados. Gozarás de poca lucidez mental, ya que no ha existido la maduración suficiente y las ideas no están sólidamente establecidas en la memoria.
- Corres el riesgo de que *no te dé tiempo* a estudiar toda la materia de examen si lo dejas todo para los últimos días. Si el profesor pone preguntas de las últimas lecciones, el número de suspensos suele ser mayor que si las pone de las primeras. Esto es así porque a muchos alumnos no les da tiempo a estudiar todo.
- Lo memorizado en la noche de empolle, aunque sea suficiente para que apruebes, *se olvidará con gran facilidad* poco después del examen, pues no ha llegado a formar huellas estables en la memoria. Quizá apruebes, pero habrás aprendido poco.

Recuerda: «El último día, repaso general; la última noche, dormir y descansar».

7. La *noche anterior al examen* deberías dejar de estudiar en torno a las diez de la noche, y después *relajarte* a través de la conversación, un rato de televisión o alguna audición musical; date una ducha templada y vete a *dormir* con tranquilidad procurando olvidarte de todo tipo de problemas.

8. Cuando estés preparando un examen inminente, observarás que aumenta tu *ansiedad*; no te alarmes, es lo natural. La ansiedad tiene su origen en el miedo al fracaso. Si no has preparado bien el examen, tiene su justificación y su remedio consiste en dedicarle más tiempo a su preparación. Si lo estás preparando bien, es un estímulo que contribuye a incrementar tu motivación y preocupación por el tema.

Cuando la ansiedad es excesiva, puede resultar enfermiza y llegar a inhibir el proceso del recuerdo durante el examen. Hay algunos *recursos* para intentar combatirla:

- El *deporte* y las actividades físicas suelen crear en el organismo un sano cansancio físico, que se deja acompañar de un clima de relajación mental.
- Los ejercicios de *relajación* o estudiar con la música que te hemos recomendado también contribuyen a disminuir tu ansiedad.
- La *confianza* en tus conocimientos, reforzada por los éxitos anteriores, quizá sea la mejor manera de adquirir el clima de relajación que necesitas para la preparación de los exámenes.

Si, a pesar de haber realizado estos ejercicios, no logras dominar tu ansiedad y ésta es tan fuerte que bloquea el aprendizaje o el recuerdo, acude a un psicólogo. Probablemente las causas serán más profundas y, entonces, necesitarás la ayuda de un especialista.

9. Si te has habituado a hacer *resúmenes*, te encontrarás más *adiestrado en la redacción* y en la capacidad de relacionar los conceptos importantes siguiendo un hilo conductor.

10. *Simula* la situación de *examen cronometrado* respondiendo por escrito a algunas preguntas; así te habituarás a la técnica del examen, aprenderás a controlar el tiempo y podrás comprobar tus propios errores.

11. Si el profesor lleva varios años en el Centro y corre la noticia de que se suele repetir las preguntas, procura enterarte de las que cayeron en años anteriores y prepáralas a conciencia, pero no te fíes en exceso. También puede resultarte muy útil controlar el tipo de exámenes que suele poner cada profesor y cómo desea que se responda a los mismos; si ya has realizado exámenes parciales con él, detectar sus gustos y preferencias no es difícil.

12. Otra forma de prepararte consiste en *exponer oralmente,* ante un compañero o grupo de compañeros, y responder a las preguntas que ellos te hagan simulando ser el profesor o el tribunal. A esta forma de repaso y preparación has de prestar especial atención cuando el examen que hayas de realizar sea oral. Los compañeros detectarán tus fallos y, en una sesión posterior de repaso en equipo, podréis encontrar la solución a la mayor parte de los problemas.

13. Repasa *todo el material que hayas acumulado* sobre el tema: apuntes –¿están completos?–, trabajos redactados, libros de texto subrayados, esquemas, resúmenes, gráficos, exámenes de

años anteriores o de otros grupos, etcétera. Al reunir todos estos elementos e integrarlos significativamente en un nuevo esquema, obtendrás una visión de conjunto y los datos dejarán de estar aislados para entrar a formar parte del todo. La integración de los elementos en el todo contribuirá a aumentar tu nivel de comprensión.

También ganarás en claridad y visión de conjunto, si estudias varios *capítulos relacionados* por la temática que tratan. Así, el estudio conjunto de los temas de la percepción y de la memoria favorece la comprensión de ambos. Además, en el examen la mente jamás se te quedará en blanco, ya que las ideas de los temas relacionados te sugerirán vías de respuesta a la pregunta planteada.

14. *No estudies* inmediatamente *después de las comidas* porque el adormecimiento dificultará que te puedas concentrar en el estudio.

15. Durante los días de preparación de tus exámenes no te olvides del *cuidado de tu cuerpo* a través del ejercicio físico; recuerda el viejo dicho: «*mens sana in corpore sano*». El ejercicio físico comedido aumentará tu relajación, disminuirá tu ansiedad y te capacitará para concentrarte en los estudios, después de haberte distraído lo necesario.

16. No utilices *anfetaminas* ni otros estimulantes, a no ser algún grupo vitamínico que te haya recetado el médico.

17. Antes de acostarte no olvides *preparar* todos los *utensilios* que has de necesitar en el examen: bolígrafos, lápiz, goma, regla, reloj, calculadora, etc. A veces, un olvido de este tipo puede dejarte en el examen en inferioridad de condiciones con respecto a tus compañeros.

18. En el *día del examen* no estudies ni repases unas horas antes del mismo; es preferible tener la *mente despejada* a los pocos datos que puedas adquirir dedicando ese tiempo al estudio. El

clima de ansiedad que te domina antes del examen dificulta mucho el aprendizaje o el repaso y actúa, por el contrario, como un inhibidor que dificulta el recuerdo posterior. Todos los estudiantes, alguna vez, han tenido la experiencia de haber leído una pregunta varias veces antes del examen y no ser luego capaces de recordar nada sobre ella durante el mismo.

El día del examen, con anterioridad al mismo, asiste normalmente a clase o date un paseo que te relaje físicamente.

19. Entérate con la suficiente anterioridad de las *características del examen:* si es prueba objetiva o de ensayo; si se puede elegir o hay que contestar a todas las preguntas; amplitud máxima que se tolera para cada pregunta; útiles que se permite llevar al examen, tales como calculadora, diccionarios, reglas, apuntes, libros...; amplitud del cuestionario; día, hora y lugar del examen, etc.

20. En el día del examen *no charles sobre el mismo* con tus compañeros y menos todavía entres en esos grupos donde se pregunta: «a que no sabes ...», «seguro que cae ...», «en el otro grupo cayó ...». Es ésta una actividad que, lejos de prepararte para el examen, lo único que consigue es incrementar tu nivel de ansiedad.

21. Si el examen se realiza en tu *aula,* colócate donde normalmente lo haces; así tendrás la sensación de *normalidad,* te concentrarás en tu trabajo y te sentirás más relajado durante el examen. Si no es tu aula, busca un lugar con luz y desde el que se divise perfectamente el encerado.

22. Líbrate, antes del examen, de compañeros *pegajosos* que pretendan copiarte o te estén preguntando continuamente. Sólo te ayudarán a distraerte, a perder el tiempo y a caer en las sospechas de tu examinador.

2. Durante el examen

A lo largo de tu vida estudiantil habrás de someterte a exámenes de características muy diferentes que condicionarán, en parte, las técnicas que has de adoptar para la preparación de los mismos.

2.1. El examen escrito tipo ensayo

La principal forma de examen, la más clásica, la que todavía predomina en los centros de Secundaria y Universidad, consiste en el examen escrito en el que se te pide que desarrolles uno o varios temas, que compares, comentes, etcétera. Con respecto a este tipo de exámenes, has de tener en cuenta:

1. Nada más sentarte procura *relajarte* realizando, aproximadamente, diez respiraciones profundas y lentas. Una vez que comiences a trabajar observarás que, a medida que pasa el tiempo, disminuye tu nivel de ansiedad.

2. Sigue con atención las *instrucciones* que dé el profesor antes de iniciarse el examen. Lee asimismo las instrucciones impresas en la hoja de examen y no des nada por supuesto. Si no has entendido algo, levanta la mano y pregunta al profesor.

3. Una vez que hayas leído las instrucciones, *distribuye el tiempo* de que dispones entre las preguntas –según su importancia– que has de contestar, y reserva unos minutos para revisar el examen una vez que lo hayas terminado.

¿Cuánto tiempo has de dedicar a cada respuesta? Depende del valor de cada una, del tiempo de que dispongas y del conocimiento que tengas de esa pregunta y de las restantes.

4. Lee las preguntas, presta atención a lo que se te pide, detente en las *palabras-clave* que explican lo que has de hacer, y procura entender las instrucciones sin confundirte. Presta especial atención a verbos, tales como: analizar, bosquejar, clasificar, comentar, comparar, contrastar, criticar, definir, demostrar, describir, enumerar, esquematizar, establecer, evaluar, explicar, ilustrar, interpretar, justificar, plantear, probar, razonar, relacionar, resumir, sintetizar, valorar, etcétera, que concretan lo que has de hacer. Si describes, cuando se te ha pedido que critiques o evalúes, no estás respondiendo a lo que se te ha pedido.

5. Antes de comenzar a redactar puedes realizar un *esquema* de la pregunta. El esquema tiene la virtud de ofrecerte la estructura del tema con todas sus ideas principales y lazos de dependen-

FIGURA 8.1. Antes de proceder a redactar, realiza un esquema.

FIGURA 8.2. Ordenar las preguntas según el grado de conocimiento de las mismas.

cia. Así evitarás que se te olviden ideas y contestar con lo primero que se te ocurra para luego ir añadiendo datos sin orden. Además, te servirá de hilo conductor que seguirás en el desarrollo del tema; así sabrás en cada momento cuál es la tarea que te resta por completar en el tiempo de que dispones.

6. Comienza a responder, si te lo permite el profesor, por la *pregunta que mejor conozcas*. Esta norma no será la primera vez que la hayas escuchado, pero quizá no tengas claros los motivos. Te beneficiarás haciéndolo así, porque:

- El profesor, al empezar a corregir un examen, se forma inconscientemente una idea sobre el mismo a través de las primeras líneas que lee. Si hubieras comenzado por la pregunta que desconoces o conoces mal, ya supones qué idea se formaría de tu examen. Mientras que si comienzas por la que conoces bien, se formará una idea positiva, que sólo cambiará con mucho esfuerzo, o sea, cuando el resto del examen sea un desastre.
- Si te falta tiempo para responder a alguna pregunta, quedará sin desarrollar la que conoces peor y en la que puntuarías menos.
- Te da confianza en ti mismo y contribuye a relajarte, disminuir tu nivel de ansiedad y concentrarte en la tarea a realizar sacándole todo el jugo a la memoria.

7. Procura *destacar* –por la claridad de ideas y lo fluido de la redacción– al *principio y final* de cada respuesta. Las leyes de la percepción explican que, a la hora de corregir, el profesor tiende a prestar más atención al inicio y final de la exposición y que reduce su nivel de atención en medio del texto.

8. En la exposición que realices debes procurar *relacionar los conceptos*. Éstos no deben aparecer como datos aislados y desvinculados entre sí.

9. *No dejes de escribir.* Si no recuerdas una pregunta, pasa a la siguiente, ya que el tiempo de que dispones es limitado. Si te sobra tiempo, podrás volver sobre ella cuando hayas terminado de responder a las demás preguntas.

10. Si ves que *no dispones de tiempo* para responder a una pregunta, no la dejes en blanco; haz un esquema, un bosquejo o un resumen de la misma para indicar al profesor que conoces la respuesta.

11. Debes evitar caer en dos errores antagónicos. No respondas *telegráficamente* a las preguntas, pues no se te pide el esquema sino su desarrollo. Evita, también, *enrollarte* en un punto determinado en detrimento de los demás o andarte por las ramas sin responder a lo que se te pregunta. Responde desarrollando la estructura apuntada en el esquema y ve al grano.

12. Si, durante el examen, se te queda la mente en blanco, no te preocupes, pues nada ganarías con ello. Relájate, cierra los ojos y concéntrate. A continuación procura recordar, pero manteniéndote relajado. La única forma de superar este bloqueo, ocasionado por los nervios, es disminuyendo tu nivel de ansiedad a través de la relajación.

FIGURA 8.3. ¿Qué hacer cuando te quedas con la mente en blanco?

13. *No escribas demasiado* en una pregunta, aunque te la sepas muy bien; pues luego puede faltarte tiempo para las demás. Si respondes a una pregunta bien y la otra la dejas en blanco, obtendrás peor calificación que si respondes a medias a las dos, pues es más difícil obtener la máxima puntuación en una pregunta que puntuar algo en la otra con sólo el esquema.

14. Deja *espacio en blanco* entre dos preguntas y entre los párrafos más importantes; así podrás volver sobre ellos y anotar lo que olvidaste. Si no dejaste espacio en blanco, responde al final del examen y haz una llamada en el lugar que corresponda.

15. La *presentación* del examen ha de ser *aceptable*. El texto ha de estar escrito con letra *legible*. Debes guardar espacios blancos en los márgenes, dejar espacio entre las líneas, enumerar las características, emplear diferente tipografía para reseñar la subordinación de ideas, subrayar aquellas palabras que desees destacar del resto del texto, etcétera. Especial atención has de prestar a la ortografía, puntuación, acentuación y correcta sintaxis.

16. Antes de entregar el examen, dedica unos minutos a *repasar;* así podrás corregir los errores que hayas cometido, faltas de ortografía, omisiones, mejorar la redacción, etc. La ansiedad del examen propicia que cometas fallos que así podrás corregir. Piensa que en muchos exámenes del *10% al 15% de la nota final* la obtendrás a causa del trabajo realizado durante estos minutos dedicados al repaso.

17. Si has terminado tu examen y dejaste alguna *pregunta en blanco, vuelve sobre ella,* reflexiona e intenta recordar algún dato en torno al cual puedas montar tu exposición. Recuerda que si no contestas, el 0 en esa pregunta lo tienes asegurado, y si bosquejas algunas ideas, puedes puntuar. Muchos profesores, a la hora de corregir, se dejan llevar de su magnanimidad y de sus ganas de

ayudar al alumno y, aunque no respondiste con precisión a la pregunta, valorarán que algo sabes sobre la lección. Esa pequeña valoración, unida a tus correctas respuestas a otras preguntas, puede sumar los puntos suficientes para que apruebes el examen, aunque sea por los pelos.

18. No te preocupe que tus compañeros vayan entregando sus exámenes y tú te vayas quedando *rezagado;* has diseñado un plan de trabajo y debes cumplirlo. Además, has de saber que la mayoría de los que entregan pronto su examen lo hacen así porque dejaron alguna pregunta sin contestar. Considera que siempre habrá algún error cometido y no corregido; contenidos que conoces, pero que se te olvidó escribir...

FIGURA 8.4. No preocuparse por quedar rezagado. Revisar el examen.

19. Si después de este examen tienes otro el mismo día, cuando termines el primer examen *no lo comentes* con los compañeros ni lo consultes en el libro o en los apuntes. Si compruebas que te has equivocado, eso puede producirte una frustración que incrementa tu ansiedad y empeora tus condiciones psicofísicas para comenzar el nuevo examen.

2.2. Las pruebas objetivas

La masificación estudiantil y el deseo de reducir al mínimo la influencia subjetiva del profesor en la corrección de los exámenes van imponiendo, en los centros de enseñanza de todo el mundo, el uso de las pruebas objetivas, en detrimento de las clásicas pruebas escritas de redacción.

El uso de estas pruebas tiene ventajas e inconvenientes:

- Suponen *mayor objetividad* en la corrección del examen. Son pruebas casi «matemáticamente puras».
- Suelen ser *más fáciles* de contestar, pues con que el alumno sea capaz de reconocer unos datos es suficiente.
- Se exige un grado de memorización menos profundo que en los exámenes tradicionales. La mayoría de las veces basta con *reconocer*, sin necesidad de recordar.
- Miden la capacidad de *relacionar* unos datos con otros estableciendo lazos de dependencia y antagonismo.
- El examen es más fácil de corregir, pero más difícil de elaborar.
- Miden con *menor profundidad* los auténticos conocimientos del alumno y su capacidad de exponerlos por escrito haciendo depender unos de otros.

- Miden bastante bien la capacidad de *síntesis* y de *discernimiento*.

Así pues, las pruebas objetivas eliminan, hasta cierto punto, la subjetividad del profesor en la corrección del examen, pero miden con menor profundidad los conocimientos del alumno.

Dentro de las llamadas pruebas objetivas podemos distinguir varios tipos:

a) *Pruebas de enlazar*

Se presentan dos listas de nombres, títulos, hechos, características, fechas, etc., y el alumno ha de enlazarlas según su correspondencia.

Comienza a enlazar las dos columnas por aquellos conceptos que tengas muy claros; al final sólo te quedarán por resolver unos pocos que, por eliminación o deducción, probablemente resuelvas aun sin conocerlos directamente. Por ejemplo:

Enlaza a cada autor con la obra que escribió, anotando delante de cada una de las obras el número correspondiente al autor de la misma.

1. Kant.
2. J. P. Sartre.
3. Aristóteles.
4. Ortega y Gasset.

__ El ser y la nada.
__ Crítica de la Razón Pura.
__ La rebelión de las masas.
__ Metafísica.

Ordena las fechas que corresponden a los siguientes acontecimientos:

1. Año de nacimiento de J. Torres Mena. __1492
2. Descubrimiento de América. __1822
3. Revolución Francesa. __1936
4. Inicio de la Guerra Civil española. __1789

b) Pruebas de verdadero o falso

En ellas se ofrece al alumno una proposición y se le pide que exprese si es correcta o no. Por ejemplo:

«El hombre es un lobo para el hombre». Esta frase fue dicha por Hobbes.

— Verdadero.
— Falso.

c) Pruebas de completar

La tarea del alumno consiste en completar una frase. Por ejemplo:
Escribe la palabra que falta en la siguiente frase: «El hombre es un ... para el hombre.»

d)   Pruebas de elección múltiple

En ellas se formula una pregunta y, a continuación, se dan varias respuestas, de las cuales tan sólo una es correcta y las demás erróneas. Por ejemplo:
«El hombre es un lobo para el hombre». Esta frase fue dicha por:

— Aristóteles.
— Kant.
— Platón.
— Hobbes.

En este tipo de preguntas, además de las recomendaciones anteriores, has de tener en cuenta:

1. Rellena los *datos identificativos,* pues si no lo haces así, difícilmente podrás probar que eres el autor del examen.
2. Reparte entre las distintas preguntas el tiempo de que dispongas, pero planificándolo en *distintas pasadas.*
3. Responde *primero* a aquellas preguntas sobre las que no tengas la *menor duda.* Cuando te encuentres con una pregunta que no conoces o en la que dudas, no pierdas el tiempo y pasa a la siguiente.

Cuando hayas terminado esta primera pasada procede, en una *segunda vuelta,* a responder a aquellas que te resulten más asequibles entre las que te dejaste y, *por último,* dedica el tiempo que te sobre para contestar a las preguntas difíciles que se te resistan.

4. Procede por *eliminación de alternativas,* descarta las respuestas incorrectas hasta quedarte con las posibles y luego profundiza en éstas hasta lograr detectar la correcta.

5. Presta especial atención a las *palabras-clave* que, a veces, te orientarán en la elección de la respuesta correcta. Algunas de estas palabras son:

Tiempo	Cantidad	Calidad	Tamaño
Siempre	Todos	Óptimo	Mayor
Frecuente	La mayoría	Mejor	Más
A menudo	Algunos	Bueno	Igual
A veces	Cada	Regular	Diferente
Rara vez	Pocos	Malo	Inferior
Nunca	Ninguno	Peor	Menor

6. Entérate *si se penalizan los errores.* Si no se penalizan, no dejes pregunta sin contestar, porque puedes acertar por azar. Si se penalizan, abstente de contestar a las preguntas que no conozcas porque, si te equivocas, no sumarás puntos y restarás de los que ya habías acumulado por tus aciertos a preguntas anteriores.

La fórmula que se suele usar para hallar la puntuación final es la siguiente:

$$P = A - \frac{E}{n-1}$$

Donde:

P = puntuación final.
A = número de aciertos.
E = número de errores.
n = número de respuestas alternativas entre las cuales hay que elegir la correcta.

7. Deja tiempo para *revisar* el examen. Cuando lo repases, cambia la respuesta dada si compruebas que te equivocaste y anúlala si estás en duda invencible.

2.3. Los exámenes orales

En las oposiciones, con menos frecuencia en la Facultad y, a veces, en el colegio, podrás verte sometido a un examen oral. Estos exámenes ofrecen algunas características que los diferencian de los demás y sobre ellas has de estar prevenido para no ser víctima de la novedad.

1. En el examen oral normalmente no te dejarán que te valgas de un esquema ni dispondrás de tiempo para reflexionar después de cada pregunta. Por ello, has de tener las *ideas muy claras y* has de procurar no perderte en la exposición por ninguna de las ramas, pues luego te costaría mucho volver a orientarte para proseguir.

2. El *nerviosismo* es mayor; has de aprender a *relajarte* utilizando alguna técnica, como la respiración profunda, sobre todo al inicio de tu exposición oral. Transcurridos los primeros minutos, también en el examen oral suele bajar el nivel de ansiedad.

3. Procura cuidar tu *forma de vestir*, peinado, aseo, etcétera Éstos son factores que contribuyen al efecto del halo (imagen inicial sobre ti) que se forma el tribunal al inicio de tu exposición y que, inconscientemente, influirá en la valoración final que se haga de tu examen.

4. Escucha con *atención* la pregunta que se te formule y sitúala en su contexto antes de proceder a responder.

5. Procura entrenarte previamente *simulando la situación*. Que algún compañero desempeñe el papel de tribunal y te haga preguntas a las que responderás mientras paseáis por el parque o tomáis un refresco sentados en el sofá del salón.

6. Si puedes, haz un *breve esquema mental* antes de proceder a responder a la pregunta.

3. Después del examen

Unos días después de haber realizado el examen, quizás tu profesor te lo *devuelva corregido*. No te conformes con mirar solamente la nota, lee los comentarios del profesor, confronta el examen con los apuntes y el libro de texto, y comprueba tus aciertos y tus errores. Fíjate, especialmente, en los errores para que no vuelvas a cometerlos.

Ante el suspenso puedes sentir una frustración que genera agresividad. Esta agresividad, a veces, se dirige hacia afuera culpando al profesor –porque no sabe explicar, exige demasiado, no explicó esa pregunta en clase, etc.–, a tus padres, a tus hermanos o a la enfermedad que terminas de pasar. También puedes dirigirla contra ti mismo deprimiéndote o desanimándote. *Sé realista*, el suspenso se debe a tu deficiente preparación y tiene la virtud de informarte de ello para que puedas corregirte a tiempo.

FIGURA 8.5. Escucha los comentarios del profesor.

Escucha los comentarios del profesor, que suelen centrarse en los fallos más habituales de la clase y en la forma correcta como se debía haber respondido a las preguntas del examen.

Si el número de tus suspensos es elevado, reflexiona con seriedad y tranquilidad sobre las posibles causas e intenta poner los medios para cambiar y subsanar los fallos cometidos.

Si te han quedado dudas sobre la valoración de tu examen, consulta con tu profesor, haciendo gala de la mayor educación posible, y escucha con atención sus explicaciones y sugerencias.

9. Planificación del estudio

La mayoría de los estudiantes realizan sus tareas sin someterse a un horario. Si se les plantea la posibilidad, intuitivamente responden que no desean perder su libertad de acción sometiéndose a una férrea disciplina y que, al fin y al cabo, llevan muchos años de estudiantes y las prolongadas sesiones de estudio son suficientes para pasar los cursos, aunque sea por los pelos.

En el mundo laboral la mayoría de los empleados trabajan ocho horas diarias, de lunes a viernes, de manera metódica. Pocos son los que sólo trabajan en ratos aislados o cuando la necesidad inminente acucia. Y es que en el ámbito laboral se sabe que hay una alta correlación entre hábito de trabajo y rendimiento. Lo mismo ocurre en el estudio. Si lo planificas y conviertes estudiar a determinadas horas en un hábito, tu rendimiento académico se incrementará y no tendrás necesidad de recurrir a las apreturas finales y a prolongadas sesiones de empolle en los días anteriores a los exámenes.

1. Ventajas de planificar el estudio

Aunque al principio te parezca que no necesitas planificar tus horas de estudio para sacar el curso adelante, si lo haces así, pronto percibirás las ventajas que la utilización de esta técnica te proporciona.

- *Ahorra tiempo y energías,* pues al dosificar el tiempo de estudio de una asignatura, repartiéndolo según las leyes de la memoria, distribuyes científicamente el número de repasos y haces que aumente la memorización y el rendimiento psíquico, incluso realizando un esfuerzo menor.
- Crea en ti un *hábito.* Al llegar la hora te sentirás invitado al estudio, te costará menos trabajo ponerte a estudiar y lograrás *concentrarte* con más facilidad, por lo que tu rendimiento será mayor. El hábito te irá «profesionalizando», cada día lo harás mejor y con menor esfuerzo. Mientras que si estudias a salto de mata, acuciado por las circunstancias, actúas como un «aficionado» y necesitarás mucha inversión de energía psíquica para obtener poco rendimiento.
- Al terminar tu horario diario de trabajo, sentirás la *satisfacción* que produce el deber cumplido; esto será para ti causa de bienestar y fuente de la energía que necesitas para seguir trabajando satisfactoriamente en los días sucesivos.
- *Racionaliza* la cantidad de tiempo que dedicas al estudio y al esparcimiento personal. Un plan de estudio flexible no significa que hayas de renunciar a otras actividades como pasear, oír música, charlar con los compañeros, hacer deporte, ver la televisión, etc. Esas actividades son tan necesarias como el estudio para el desarrollo de tu persona y las has de seguir realizando, pero

controlando su frecuencia y procurando que no invadan el tiempo que has de dedicar al estudio. La cantidad de tiempo que te quede libre será similar a la que te quedaría si no lo hubieras programado, lo que varía es la distribución del mismo.

- A través de él *controlas tu rendimiento* y puedes modificar tu esfuerzo para adecuarlo a las necesidades del momento.
- Si has planificado el estudio y los repasos, observarás que ya no es necesario recurrir a las largas sesiones de empolle de la *noche anterior* al examen. Bastará con un *último repaso* para refrescar las huellas de la memoria previamente grabadas.

2. ELEMENTOS A CONSIDERAR EN LA PLANIFICACIÓN

Antes de proceder a elaborar el horario de estudio, debes analizar y conocer algunos datos, con el fin de que tu horario sea realista y esté fundamentado en las circunstancias concretas que conciernen a tu caso.

2.1. Distribución del tiempo a lo largo del día

Haz un *recuento* de las *actividades* que desarrollas a lo largo de un día y valora el tiempo que le dedicas a cada una de ellas. Observarás que hay tiempo para todo, siempre que no te excedas en alguna de las actividades, y que también queda tiempo para estudiar.

¿Cuánto tiempo has de reservar para *estudiar?* Algunos autores se atreven a recomendar que se dejen para el estudio tres horas diarias, pero esta cifra tampoco ha de ser matemáticamente exacta. La cantidad de tiempo dedicado a estudiar dependerá de

las tareas que hayas de realizar en esa semana. Si tienes varios exámenes o has de entregar trabajos, probablemente hayas de incrementar tus horas de estudio; mientras que si sólo tienes que llevar al día las clases, te puedes permitir relajarte un poco y dedicar más tiempo al esparcimiento personal. Aunque no tengas exámenes, no debes olvidar tu hábito de estudio. Todos los días laborables has de estudiar, como *mínimo, dos horas,* que puedes emplear para revisar apuntes, llevar al día las asignaturas, repasar, mirar en el libro el tema que se va a explicar en clase al día siguiente, etc.

He aquí un modelo de distribución de las actividades a lo largo de las 24 horas de un día. Haz tu cómputo personal y rellena todos los días de la semana. Procura dedicar al estudio en torno a las tres horas diarias, pero cuida más que se mantenga el total semanal. La programación no ha de ser rígida, pueden existir ligeras variaciones de un día a otro. De lunes a viernes, el horario es más fácil de cumplir, salvo imprevistos. Los fines de semana no asistes a clase, pero dedicas más tiempo a los viajes, al deporte y al esparcimiento personal. Procura que, como mínimo, no falten tus dos horas diarias de dedicación al estudio y, si el lunes tienes examen o un trabajo que entregar, saca horas extra durante el fin de semana; así te sentirás menos agobiado durante los días siguientes.

La programación diaria ha de ser flexible. Un día puedes permitirte no estudiar o dedicar menos tiempo, pero la programación semanal debe corregir ese desajuste y conseguir entre las 15 y las 21 horas semanales de estudio.

	NÚMERO DE HORAS								
	Ej.	L	M	X	J	V	S	D	Σ
Dormir	8								
Clases y recreos	6								
Comidas	2								
Desplazamientos	2								
Esparcimiento e imprevistos	3								
Estudio	3									15 a 21
TOTAL	24								

FIGURA 9.1. Distribución del tiempo entre las diversas actividades.

2.2. Distribución de las sesiones de estudio y de los descansos

Si el tiempo que has de dedicar al estudio, como promedio, es de tres horas al día, ¿cómo has de *distribuirlo?* No lo hagas a saltos – un poco por la mañana, otro poco a medio día y el resto por la noche–; te resultaría muy difícil concentrar la atención y perderías mucho tiempo preparando los materiales. Tampoco estudies las tres horas seguidas sin descansar, pues serías fácil víctima de la fatiga psíquica. *Planifica* el tiempo de estudio dejando una cantidad de tiempo prudencial para el *descanso;* así das tiempo a tus neuronas para que se recuperen y puedan reemprender el estudio manteniendo la capacidad de concentración y rendimiento. Si no descansas, además de fatigarte en seguida, se acumulará mucho material en la memoria, se producirán más interferencias y será más difícil fortalecer las huellas en la M.L.P.

En una jornada normal de estudio de cinco horas descansa 5 minutos, después de la primera sesión de 55 minutos; descansa 10 minutos, después de la segunda sesión de 50 minutos, y haz una tercera sesión de estudio de 45 minutos, después de la cual has de descansar 15 minutos.

SESIÓN DE ESTUDIO	TIEMPO ESTUDIO	DESCANSO
Primera	55 minutos	5 minutos
Segunda	50 minutos	10 minutos
Tercera	45 minutos	15 minutos
TOTAL 180 =	150	+ 30

FIGURA 9.2. Distribución del tiempo de estudio y de descanso.

Si después del descanso de la 3.ª sesión de estudio, necesitas estudiar durante 60 o 90 minutos más, puedes hacerlo sin problemas. Si necesitas estudiar durante otras tres horas más, entonces el tercer descanso ha de ser de 30', en lugar de 15', y luego has de volver de nuevo al ciclo inicial, pero añadiendo dos o tres minutos más al tiempo de descanso que corresponda tras cada nueva hora de estudio. No se deben planificar descansos mayores de

30' porque se produce una disminución de la concentración y cuesta más motivarse para comenzar a estudiar de nuevo.

2.3. Número de materias y dificultad de las mismas

El número de horas que puedes dedicar semanalmente a estudiar una determinada asignatura dependerá, entre otras variables, del número de asignaturas entre las cuales hayas de repartir las horas semanales disponibles. Si el curso consta de cinco asignaturas, tendrás más tiempo para cada una de ellas que si consta de nueve.

ASIGNATURAS	Horas semanales de clase	% de dificultad	Horas semanales de estudio
Idioma extranjero	3	40	
Lengua y Literatura	3	40	
Filosofía	3	60	
Biología	4	50	
Educación Física	2	10	
Informática	4	40	
Física y Química	4	80	
Matemáticas	4	100	
Religión / SCR	1	5	
TOTAL	28	425%	

FIGURA 9.3. Distribución del tiempo de estudio de cada asignatura según su grado de dificultad y número semanal de horas de clase.

No has de dividir equitativamente el número de horas entre el número de asignaturas, sino que has de tener en cuenta la importancia de las asignaturas, su grado de dificultad intrínseca, la dificultad que a ti te ofrecen, el nivel de exigencia del profesor, el número de trabajos encargados y dificultad de los mismos, etc. Como orientación puede servirte el siguiente ejemplo tomado del primer curso de Bachillerato de Ciencias de la Naturaleza y de la Salud.

De acuerdo con el número de horas de clase por asignatura y el grado de dificultad de cada una de ellas, puedes hacer una estimación aproximada del número de horas semanales que has de dedicar al estudio de cada asignatura. Por supuesto que las necesidades del momento, tales como exámenes, recuperaciones, controles, entrega de trabajos, etc., alterarán en algunas semanas ese reparto; pero al final de cada trimestre y del año observarás cómo el tiempo dedicado se aproxima al calculado inicialmente.

2.4. Dificultad de la asignatura para el alumno y objetivos propuestos

Antes de proceder a confeccionar el horario, también has de valorar tus objetivos con respecto a la asignatura y la dificultad que tiene para ti.

Puede ocurrir que una asignatura difícil se te dé particularmente bien. En ese caso, la *dificultad* general de la asignatura no es tal para ti y puedes permitirte disminuir el número de horas de su estudio para dedicárselo a otra que te resulte particularmente más difícil de lo habitual.

También has de considerar en tu valoración los *objetivos* que pretendes en cada una de las asignaturas. Tal vez la Física te guste especialmente, pienses estudiar esa carrera y desees sobresalir en ella. Dedícale más atención en ese caso, pero no olvides las demás.

Utiliza estos datos para precisar –y reflejar en la tabla anterior– el grado de dificultad de cada asignatura y el número de horas dedicadas al estudio de cada una de ellas.

3. Características que ha de cumplir un buen horario

El horario que elabores no ha de ser una floritura destinada a participar en un concurso o a ser mostrada a tus compañeros para despertar en ellos comentarios de admiración; ha de ser un horario útil, que valga para ti personalmente y se adapte a las circunstancias cambiantes que te ocurrirán a lo largo del curso. Tu horario ha de ser:

3.1. Realista

El plan que elabores no ha de ser un plan utópico, elaborado en un momento de euforia, pero irrealizable en la práctica. Ha de ser un plan realista, que tenga en cuenta todas tus características y necesidades, sin olvidar las de ocio, deporte, camaradería, etc. Es preferible que comiences con un plan poco ambicioso y, en la medida en que vayas comprobando que lo cumples, sin que te cause problemas, aumentar paulatinamente tu nivel de exigencias.

3.2. Flexible

No debes construir un plan que actúe como una coraza que dificulte tu capacidad de movimiento e iniciativa; el plan lo elaboras para facilitar el estudio y para mantener tus horas de ocio, no para convertirte en un esclavo.

En tu vida personal y académica continuamente están ocurriendo anécdotas y circunstancias que cambian tus planes. Estos *imprevistos* han de ser también controlados; por ello, hay que dejar un tiempo de reserva que, en caso de necesidad, puede manejarse para resolver la situación sin que resulte traumática. Así, si el jueves y el viernes no pudiste estudiar por alguna razón, puedes emplear un tiempo extra del sábado y del domingo para recuperar el tiempo no invertido en el estudio durante esos días; pero si planificaste bien, ni siquiera tendrás necesidad de ello porque irás sobrado de tiempo.

3.3. Revisable

Con una periodicidad de una o, a lo sumo, dos semanas, debes controlar el cumplimiento de tu plan-horario y subsanar los fallos cometidos. Continuamente están ocurriendo anécdotas en tu vida escolar que modificarán tu plan: un suspenso imprevisto en una asignatura, la alteración de la fecha de un examen, un trabajo extra, etc. Si al inicio de la semana revisas tu plan y lo adaptas a las circunstancias inmediatas, te resultará más útil y se adaptará a tu realidad cambiante. Un plan rígido, que no se someta a tales revisiones, no sirve para nada.

3.4. Personalizado

El plan ha de adaptarse a las características psíquicas y de personalidad de cada uno, pues tanto el grado de dificultad de las asignaturas, como el interés por ellas, los ritmos de trabajo, las horas preferidas para estudiar, las tareas marginales, el estudio, etc., son distintos para cada persona.

Ten en cuenta, además, las circunstancias del momento y no te dejes llevar por planes ajenos. Elabora tus propios planes *de acuerdo con tus necesidades*. Quizá necesites estudiar más Matemáticas y menos Inglés que tu amigo o quedarte a estudiar una hora más los jueves, porque los miércoles has de ayudar a tu padre y no puedes estudiar lo debido.

Al elaborar el plan de estudios personalizado, no olvides tampoco los *días* y horas que tus *amigos* dedican al *descanso* y al esparcimiento. Si el sábado te quedas en casa estudiando, cuando sabes que tus amigos se están divirtiendo, posiblemente te sientas frustrado, te concentres peor y rindas menos en esas horas de estudio.

3.5. Escrito

Un plan que no se lleva al papel es un plan a mitad de hacer. Si plasmas sobre el papel tu plan de estudio y lo miras de vez en cuando, puedes *constatar* fácilmente los *fallos* realizados y las omisiones cometidas. La *revisión* final será muy *fácil* porque captarás, de un solo golpe de vista, la necesidad de modificación de acuerdo con las recientes novedades.

FIGURA 9.4. El plan de estudio ha de escribirse sobre el papel.

3.6. Equilibrado

El comportamiento de muchos estudiantes, que no dan ni golpe a lo largo del trimestre, y luego se dejan la piel, en prolongadas y agotadoras sesiones de estudio en los días previos a los exámenes, es el ejemplo contrario a lo que es un plan de estudios equilibrado. Éste ha de fijar: cinco días, como mínimo, dedicados al estudio; el número de horas diarias, que no debe ser menor de dos; el tiempo dedicado a los descansos; el reparto de horas entre las diferentes asignaturas, según su importancia y grado de dificultad, etc.

PLANIFICACIÓN DEL ESTUDIO

4. Tipos de planes

4.1. El plan a largo plazo

El plan a largo plazo puede abarcar el curso escolar, el conjunto de los temas de una oposición o la totalidad de un proyecto de investigación, según los casos. Para realizar el plan a largo plazo de un curso escolar has de conocer los temarios de cada asignatura, los trabajos que has de realizar y su fecha de entrega, las prácticas, el número y fecha de los exámenes y de las recuperaciones y cuantos datos conciernan al desarrollo general de las asignaturas.

ASIGNATURA: Filosofía

	Oct.	Nov.	Dic.	Ene.	Feb.	Mar.	Abr.	Ma.	Jun.
Temas a estudiar	1 2	3 5	6 7	8 10	11 13	14 15	16 17	18 19	20 21
Temas a repasar	1 2	2 4	1 7	8 10	9 12	8 15	16 17	17 18	16 21
Exámenes	×	×1.ª Ev.		×	×2.ª Ev.		×		××3.ª Ev F.
Recuperaciones					1.ª			2.ª	Final
Trabajos a entregar		×		×		×		×	

FIGURA 9.5. Ficha con planificación de actividades en una asignatura.

En los primeros días de clase todavía no habrás recogido todos esos datos, así que habrás de esperar cerca de un mes para tener elaborado el plan a largo plazo con cierta objetividad, aunque luego las circunstancias vayan modificándolo puntualmente.

Puedes plasmar dicho plan, según vayas conociendo los datos, en una ficha para cada asignatura, en la que a lo largo de los meses distribuyas: temas que has de estudiar, temas para repasar, fecha de entrega de los trabajos, fecha de los días de examen de evaluación y recuperación... y cuantos datos consideres de interés para el control de la buena marcha de la asignatura.

Como puedes observar, habrá algunos datos como recuperaciones, trabajos para entregar, fechas de exámenes, etc., que pueden verse alterados en el transcurso del tiempo. Por eso, aunque no deja de tener su interés para los estudiantes matriculados en un curso, el plan ofrece mejores servicios a los opositores, que han de planificar el trabajo a realizar a lo largo de uno o varios años y han de controlar, para conseguir los objetivos previstos en el tiempo marcado, tanto el ritmo de estudio de los temas como el de repaso de los mismos.

4.2. Plan a medio plazo

Estos planes suelen abarcar una evaluación o un trimestre. Puedes valerte de fichas similares a las utilizadas en el plan a largo plazo o, si deseas tener una visión de conjunto de todas las asignaturas, utilizar la siguiente:

Estos planes tienen la ventaja sobre los anteriores de que son más flexibles y realistas. Cualquier imprevisto, como un trabajo extra, un suspenso inesperado, etc., se introduce y se reestructura el plan, de acuerdo con la situación académica real del alumno.

1.ª EVALUACIÓN

Asignaturas	Día del examen	Día de la recuperación	Día de entrega de trab.	Temas a estudiar	Temas a repasar
Filosofía					
Física					
Historia					
...					

FIGURA 9.6. Ficha con planificación de actividades en varias asignaturas.

4.3. Plan a corto plazo

El plan a corto plazo es el más flexible y realista, pues es el que mejor se adecua a las circunstancias del momento y adapta tus necesidades de estudio y esparcimiento según el orden de prioridades. Todos los domingos o lunes debes elaborar un plan semanal.

Has de comenzar conociendo el número de horas que esa semana puedes dedicar al estudio, de acuerdo con tus necesidades académicas y de esparcimiento (según vimos ya en el cuadro número 1). Procura que en las semanas normales, sin exámenes, el total de horas dedicadas al estudio oscile entre 15 y 21, y deja un día libre para descongestionar tu mente y relajarte.

	Estudio	Repasos	Trabajo	Total de horas
L	F.ª 7-8; Física 8-9	H.ª 9-10	—	3
M	Matemáticas 7-10	—	—	3
X	—	—	Idioma 7-10	3
J	...	...	...	4
V				1
S				0
D				4

FIGURA 9.7. Ficha semanal de actividades.

Una vez conocidas las *horas* de las que dispones, has de proceder a *distribuirlas* entre las distintas asignaturas, según su importancia y grado de dificultad que te ofrecen. Considera que debes dedicar tiempo a *leer* con anterioridad los temas que se van a explicar en clase y que dentro de las 48 horas siguientes debes *revisar los apuntes* tomados en clase. Además, has de elaborar los *trabajos* que te hayan encomendado, *estudiar* y seguir un plan de *repaso* para fortalecer las huellas de lo estudiado con anterioridad. Todo ello lo puedes planificar en un cuadro similar al siguiente.

5. ¿Cuándo estudiar?

5.1. Las horas más apropiadas

Otro de los temas a debate entre estudiantes y estudiosos es el de las horas más adecuadas para estudiar: por la mañana, a media tarde o durante la noche. El ser humano es un ser de hábitos, lo que resulta eficaz para ti puede no serlo para tu compañero. A ello hemos de añadir gustos personales y temperamentos diferentes, que introducen variedad en la problemática. En lo que sí hay coincidencia es en que después de las comidas hay menor concentración en el estudio, a causa de la somnolencia producida por las mismas.

Los que afirman que rinden más por la *mañana*, lo explican aduciendo que el cuerpo está repleto de energías y que en el trabajo de las fábricas el rendimiento mayor se produce por la mañana. En su contra hay que decir que el nivel de ruidos es mayor; que el cuerpo, totalmente recuperado a través del sueño, está rebosante de energías que desea gastar a través del ejercicio físico; y que, para mantener la obligada pasividad corporal del estudio, hay que realizar un fuerte acto de voluntad.

Estudiar a *media tarde,* de 6 o 7 a 10, puede dar buenos resultados, pues el cuerpo ya ha realizado el ejercicio físico necesario y también se ha liberado de la somnolencia producida por la comida. En su contra habría que aducir que en estas horas es cuando la familia más suele interrumpir al estudiante desconcentrándolo de la tarea que está realizando.

Estudiar *de noche* tiene la ventaja de que el nivel de ruidos interferentes y de interrupciones familiares es muy pequeño, por lo que la concentración es mayor si se vence el sueño. Además, como dice el refrán: «lección dormida, lección aprendida». Si duermes inmediatamente después de aprender, recordarás mejor debido a la ausencia de interferencias del material últimamente aprendido, por lo que las huellas mnemónicas se consolidarán con más fuerza en la memoria a largo plazo. Pero, si te quedas hasta las altas horas de la noche estudiando y a la mañana siguiente has de levantarte temprano, el esfuerzo realizado durante la noche lo has de pagar durante el día, pues el organismo, necesitado de descanso, se concentrará peor y disminuirá mucho su rendimiento.

5.2. Mantener el mismo horario

Con independencia de cuáles sean tus inclinaciones personales, lo que sí debes hacer es intentar *estudiar* todos los días durante las *mismas horas;* así te crearás un *hábito,* un reflejo condicionado, y, cuando lleguen esas horas, te sentirás invitado al estudio sin que tengas que vencer ninguna resistencia. Si, por el contrario, cada día inicias tu estudio a una hora diferente, cuando te dispongas a estudiar tendrás que establecer una lucha contra ti mismo para decidirte a dar el paso.

5.3. Planificar las horas de estudio y repaso

En los temas que tratan del repaso ya se te ha aconsejado que estudies y luego espacies los repasos para pasar las huellas desde la M.C.P. a la M.L.P., vencer la ley del olvido, fortalecer esas huellas y tenerlas frescas para el día del examen. Eso no quiere decir, necesariamente, que tus horas de dedicación al estudio hayan de ser más, sino que has de distribuirlas de otro modo. Si las horas que has de dedicar a estudiar una asignatura durante una evaluación son 14, podrás gastarlas en los dos últimos días anteriores al examen o a lo largo del trimestre: cinco de estudio, dos de repaso en los tres días siguientes, tres en la semana anterior al examen y cuatro el día previo al mismo, por ejemplo.

Si has estudiado sólo durante los días anteriores al examen, las huellas serán débiles, la asimilación del contenido baja y el olvido, pasados unos días, casi total. Mientras que si programaste los repasos, asimilarás más los contenidos y olvidarás menos.

5.4. Planificación de exámenes y recuperaciones

Junto con tus compañeros de clase debes preocuparte por planificar, en cada evaluación, las fechas de los exámenes de las distintas asignaturas. Si habéis espaciado los exámenes de modo que no coincidan y haya tiempo prudencial de separación entre cada uno de ellos, evitarás la interferencia del material de la asignatura estudiada y te ahorrarás el gasto de energía extra, que habrías de emplear para superar dichas interferencias.

También debéis ocuparos de planificar las recuperaciones. Evitad que coincidan varias en el mismo día y procurad que se realicen poco después del examen. Cuanto más tiempo transcurra, más se borrarán de tu memoria las huellas de esa materia.

10. Higiene mental

«*Mens sana in corpore sano*», este viejo adagio latino resume la conducta a seguir por el estudiante ideal. La mala salud, las preocupaciones y la ansiedad son serios obstáculos que dificultan tu tarea de estudiar eficazmente y, a veces, la interrumpen durante una temporada o definitivamente.

1. LUCHA CONTRA LA FATIGA

Especialmente prevenido has de estar contra la *fatiga psíquica*, que aminora alarmantemente tu rendimiento en el estudio y hace que te sientas irritable, bajo de humor, que encuentres difícil concentrarte y que baje alarmantemente tu capacidad de retención memorística.

Varios *factores* del mundo moderno contribuyen a la aparición de esta fatiga:

- La ansiedad que produce la *sobrecarga de la memoria* ante el volumen de conocimientos que se han de memorizar en pocos días.
- La *no planificación* de las horas dedicadas a preparar los exámenes y a repasar. Si no dejaste tiempo para estudiar y repasar varias veces –combatiendo así la ley del olvido– y lo dejaste todo para el final, tu nivel de ansiedad será muy elevado.
- La disminución excesiva del *tiempo* dedicado al *esparcimiento* personal y al sueño para dedicarlo al estudio. El trabajo intelectual prolongado, sin descansos planificados y adecuados, da lugar al estrés.
- La gran cantidad de *años* dedicados en nuestra civilización al *estudio*. En España hasta los 18 años se estudia Bachillerato y hasta los 23, como mínimo, se estudia en la Universidad.

FIGURA 10.1. La acumulación de tareas produce estrés.

- La *excesiva valoración*, a veces, del *rendimiento académico* por parte de tus padres, compañeros y por ti mismo, que puede dar lugar a que tu fracaso académico lo valores como un fracaso total de la personalidad.
- La gran *cantidad de información* a que nos vemos sometidos diariamente (a través de TV, radio, prensa, etcétera), que dificulta las tareas de atención, concentración y memorización.
- El estrés creado por la *acumulación de actividades opcionales*, que los padres han elegido para sus hijos creyendo favorecer su futuro: clases de guitarra, idiomas, judo, informática, etc.
- La falta de base y *dificultad de acoplamiento*, cuando se ha sufrido un cambio de nivel en 1.º de la ESO, 1.º de Bachillerato y 1.º de carrera.
- El *desconocimiento* de las *técnicas adecuadas* de estudio, que trae como consecuencias: el incremento de las horas dedicadas al estudio y el bajo rendimiento en el mismo.

Esta sobrecarga mental, lejos de disminuir, se acumula día tras día y su desaparición total es difícil, si no se atacan las causas que la produjeron.

Si dedicas tiempo prudencial al ejercicio físico, duermes lo suficiente y descansas, tienes la alimentación adecuada para tu edad y tipo de vida, planificas tus horas de dedicación al estudio y aplicas las técnicas de estudio adecuadas, mantendrás el sano equilibrio psico-físico que tanto necesitas para estudiar eficazmente.

2. Ejercicio físico

La vida estudiantil es propensa para adoptar hábitos sedentarios y olvidar el ejercicio físico; más de la mitad de los estudiantes no hacen el ejercicio que sería necesario.

El cuerpo humano se adapta mejor al movimiento que a estar sentado. Lo suyo es correr, andar tras el animal para cazarlo. Los *hábitos sedentarios* de nuestra civilización actual rompen con nuestra naturaleza y crean una *situación artificial* de efectos desastrosos. La vida sedentaria da lugar a:

— *Aumento de peso,* pues no se gastan muchas de las calorías que se han ingerido a través de los alimentos.
— Incremento del *nerviosismo,* irritabilidad y ansiedad por falta del esparcimiento necesario para los músculos.
— *Dificultad de concentración,* a causa de la ansiedad y de la falta de oxígeno.
— *Enfermedades específicas,* tales como prostatitis, hemorroides, fisuras de ano, enfermedades coronarias, hipercolesterolemia, etc.

Los Ministerios de Educación de la mayoría de los países, en reconocimiento de los efectos positivos que el ejercicio físico tiene para el rendimiento escolar, han colocado la asignatura de *Educación Física* como *asignatura obligatoria* en los programas escolares de Primaria, Secundaria y, en muchos países, también en los programas de las universidades.

Si haces el ejercicio físico que necesitas (que no es el mismo en todas las edades), te beneficiarás de sus efectos benéficos tales como:

- Mejor *riego sanguíneo y* mejor oxigenación del cerebro. El ejercicio físico aumenta la presión sanguínea, acelera y mejora la circulación y, como consecuencia, aporta más oxígeno al cerebro, que consume cuatro veces más que el resto del cuerpo.
- Mejora el *ritmo respiratorio*, da lugar a una respiración más profunda y relajada.
- Después de una o dos horas de ejercicio físico, y de la correspondiente ducha, te encontrarás menos inquieto, más relajado y más repleto de sana energía. Tu sistema nervioso se ha relajado y ha sido *tonificado*.
- Mejora la *concentración*. Cuando haces ejercicio, rompes con tu ritmo de vida porque dejas a un lado tus preocupaciones y

FIGURA 10.2. El deporte es necesario.

te dedicas a otra actividad; esto supone un descanso de la actividad psíquica y, cuando vuelvas al estudio, te encontrarás más animado para reemprenderlo con nuevos bríos.

- *Libera toxinas* de la sangre a través del sudor y, al quemar energías, te libera de *frustraciones y* preocupaciones, dando una salida sana a la energía reprimida, que si fuera acumulada daría lugar a situaciones problemáticas.

- Contribuye a que mantengas tu *peso ideal*, al quemar las calorías que te sobran y que, de otro modo, destinarías a incrementar tu panículo adiposo.

3. SUEÑO Y DESCANSO

Todas las personas necesitan descansar para reponer las energías gastadas. Uno de los principales métodos de descanso es el *sueño*. Por término medio se suele y debe dormir en torno a las *ocho horas* diarias, pero esta necesidad varía según la edad y el estado psicofísico de cada individuo. Los recién nacidos duermen durante la mayor parte del día; los ancianos y los enfermos también necesitan más horas de sueño.

Después del sueño, el organismo se siente relajado, recuperado y más preparado para desarrollar nuevas actividades físicas y mentales. Casi todos los estudiantes se sienten en forma después de una noche de sueño reparador.

Si, por dedicar muchas horas al estudio o a otras actividades, *no duermes* lo necesario, el sueño atrasado se acumulará y bien pronto comenzarás a sentir sus *efectos:*

FIGURA. 10.3. Has de dormir lo suficiente.

— Aumento de la *irritabilidad;* saltarás a la primera.
— Aumento de la *dificultad de concentración* en los estudios e incluso en las tareas manuales.
— *Dificultad en recordar,* pues lo grabado con nerviosismo y sin concentración se conserva peor en la memoria.
— *Descenso del rendimiento* en tu trabajo, sea físico o intelectual, pues aumentan los despistes y el cuerpo se siente fatigado.

A veces encontrarás difícil **conciliar el sueño.** Considera que lo importante, más que dormir, es descansar y relajar tu cuerpo y tu mente. Para intentar dormir o, por lo menos descansar, puedes probar con las siguientes *técnicas:*

- Antes de acostarte procura *evitar preocupaciones* y sensaciones fuertes que reclamen tu atención durante mucho tiempo.
- Una vez acostado busca una *postura cómoda.* No existe una postura perfecta en la que descanse todo el organismo –a lo largo de la noche cambiamos de postura muchas veces–. Una buena postura de relax es tumbarse de espaldas con las piernas extendidas, abiertas y relajadas.
- Una vez acostado, *aleja* de tu mente todo tipo de *preocupaciones,* pues éstas son la causa principal de las noches de insomnio.
- *Relaja los músculos* de todo tu cuerpo, empezando por los de los pies y terminando por los de la cabeza. Imagínate que el colchón es un imán que los atrae con fuerza y que éstos se hacen más pesados y tienden a fundirse con él.
- Haz la *respiración lenta y profunda,* marcando bien todos los tiempos: inhalar, mantener el oxígeno durante dos segundos, exhalar y mantener la respiración durante cuatro segundos antes de comenzar el ciclo de nuevo.
- Si todavía no te has dormido, ya te habrás relajado bastante y puedes intentar dormirte procediendo a *contar hacia atrás* desde el número 20. Imagínate el número 20: visualízalo en la pantalla de tu imaginación y respira lentamente; bórralo de tu memoria y haz que aparezca el 19; haz lo mismo que con el anterior y continúa así hasta llegar al 0.
- Otra técnica que puedes intentar es la de *leer* algo, tendido en la cama, pues la lectura te arranca de tus problemas y el cansancio de la vista te lleva al sueño.
- También puedes *comer* alguna fruta, por ejemplo: una manzana. Al fermentar se produce alcohol y éste da lugar a la somnolencia.

Si, a pesar de todo, no te duermes, no te obsesiones en ello; considera que lo más importante no es dormir, sino relajarse para descansar y poder volver a la actividad el día siguiente.

Por cada hora de estudio has de dedicar unos minutos al **descanso** –a medida que aumenten las horas de estudio, también has de ir *aumentando los minutos de descanso*– para relajar tu mente; aumentar o mantener tu capacidad de atención y concentración; relajar los músculos de tu cuerpo adormecidos por haber estado durante tantas horas inmóviles y en tensión; y dar tiempo para que las huellas de lo grabado se estabilicen en la Memoria a Largo Plazo y no interfieran tanto con el material que se grabará a continuación.

El tipo de descanso depende de la actividad que hayas realizado con anterioridad.

—Si has realizado un *trabajo intelectual*, te apetecerá ir a la cocina para beber un vaso de agua, andar un poco por la casa, asomarte al balcón, arreglar algo estropeado o bajar a hacer algún recado muy cerca de casa. Si estás en una biblioteca, puedes aprovechar para pasear por los pasillos y bajar al bar para tomar algo o charlar un ratito con un compañero.

—Si el *trabajo* realizado ha sido *físico*, lo más oportuno es sentarte en el sofá o en el sillón, relajar los músculos y respirar profunda y lentamente. Al poco rato te sentirás recuperado.

4. Relajación y respiración

La relajación y la respiración son dos de las principales técnicas que has de aprender a manejar para mantener en buenas condiciones tu memoria y el resto de tus facultades mentales. Ellas aminoran los ritmos cuerpo-mente y te colocan en la situación psicofísica ideal para aprender.

La base de la memoria es la *atención* y su principal enemigo es la *ansiedad*. La principal forma de combatirla es llevar al organismo a su estado opuesto: al estado de *relajación*. Pero, ¿cómo mantenerse relajado?

- Un poco de *ejercicio físico* viene muy bien, porque desgasta calorías y produce relajación del sistema nervioso.
- El *descanso*, a través del sueño, produce relajación de los músculos y de las células cerebrales capacitándolas de nuevo para reemprender la actividad.
- Los ejercicios comentados en el tema tercero producen una buena relajación y hoy se aplican en muchos ámbitos con formidables resultados. Ensáyalos.
- Otra técnica muy importante para relajarse es la de la *respiración profunda* y controlada.

La respiración es una necesidad biológica de primer orden. Con la exhalación se expulsan al exterior las toxinas de desecho, principalmente el anhídrido carbónico; y, a través de la inhalación, se toma el oxígeno necesario para el funcionamiento celular.

En los recién nacidos la respiración suele ser bastante completa; los adultos hemos aprendido demasiados vicios, por lo que, a veces, hemos de recurrir a una respiración profunda y controlada. Existen tres tipos de respiración: la realizada con el vientre, la realizada con el pecho y la realizada con los hombros. De estas tres la peor es la que se realiza con los hombros, que es la habitual en los estados de tensión. Las otras dos suelen proporcionar un grado de oxigenación suficiente. La respiración completa es la que unifica las tres: primero se inhala con el vientre, luego con el pecho y, por último, se llenan los pulmones con la inhalación clavicular. Una vez inhalado el aire, se mantiene durante dos segundos y, a continuación, comienza la exhalación en tres fases: primero se expulsa el aire de la parte superior de los pulmones y los hombros bajan; después se expulsa el aire que se halla en la parte media de los pulmones; y, por último, se contrae el estómago y el vientre expulsando el aire de la parte baja de los pulmones. Después de haber exhalado, se mantiene la respiración durante cuatro segundos, sin tomar aire, y de nuevo comienza el proceso, que ha de ser tan lento que no oigas ni la inhalación ni la exhalación.

5. ALIMENTACIÓN

El tipo de *alimentación* que se ha de suministrar al organismo no ha de ser estándar, sino que variará con la edad, características físicas del individuo y, sobre todo, con la *actividad* desarrollada. No es correcto que toda la familia coma siempre de la olla grande y se mantenga el mismo tipo de alimentación para el padre – obrero manual, trabajador del campo, de la construcción o minero– y para el hijo, estudiante de 14 a 18 años, que además ha de crecer. El padre ha de gastar muchas calorías en su trabajo físico, mientras que el hijo necesita para su actividad cerebral: vitaminas, proteínas y comida rica en fósforo y calcio.

Por su actividad sedentaria, el estudiante debe huir de las comidas ricas en grasas, azúcares, dulces y alimentos en conserva, pues sólo contribuirían al incremento de peso y a la gestación de enfermedades de la circulación sanguínea.

El estudiante debe buscar una alimentación adecuada a sus características –la dieta mediterránea es bastante completa–, una alimentación que sea rica en:

- *Proteínas,* que realizan funciones como: mantener el equilibrio de los líquidos del cerebro, de la médula y de los intestinos; ayudar a transportar los medicamentos y contribuir al crecimiento y reconstrucción del organismo. Sus fuentes de energía son: carne, pescados, leche, huevos, frutos de los árboles, tubérculos...

- *Vitaminas* y en especial las: A, B, C y D.

— *La vitamina A* es un agente del crecimiento que desempeña un importante papel en la formación de los huesos, en la nutrición de la epidermis y en la regeneración de la púrpura retiniana necesaria para ver en la oscuridad. La encontrarás en: huevos, acelgas, calabaza, endibias, espinacas, naranjas, perejil, zanahoria, hígados de cordero, cerdo o ternera... Su necesidad diaria es de 1,5 mg.

— *La vitamina B* es un complejo de 15 sustancias que se clasifican juntas por hallarse unidas en varios alimentos. Son muy importantes porque contribuyen a la nutrición de las células nerviosas, son necesarias para la formación de los glóbulos rojos, se necesitan para mantener los nervios en buen estado y son imprescindibles para la vista. De ellas destacan por su importancia: B1, B2, B6 y B12.

* *B1,* necesaria para convertir los elementos en energía. Se encuentra en: garbanzos, guisantes, judías blancas, lentejas, alcachofas, hígados de mamíferos... Su necesidad diaria es de 1,5 mg.

* *B2,* que interviene en las oxidaciones celulares y desempeña un importante papel en la absorción de los glúcidos. Se encuentra en: huevos, leche, queso manchego, habas, judías blancas, guisantes, espárragos, espinacas, zanahorias, lechugas, almendras, avellanas, castañas, besugo, bonito, salmón, mero, caballa, hígados de mamíferos como cordero, cerdo, ternera... Su necesidad diaria es de 2 mg.

— *La vitamina C* contribuye a la formación de huesos, vasos y cartílagos, estimula la maduración de los glóbulos rojos y es muy útil para combatir la fatiga y la astenia. Se encuentra en: pimientos, coles, perejil, naranjas, limones, tomates, kiwi, hígados de mamíferos... Su necesidad diaria es de 75 mg.

— *La vitamina* D, que favorece la absorción intestinal del fósforo y del calcio, y asegura su fijación en los huesos. Se encuentra en: leche, yema de huevo, aceite de hígado de pescado... y la sintetiza la piel de los rayos ultravioleta del sol. Su necesidad diaria es de 0,025 mg.

- *Sales minerales* como hierro, calcio y fósforo.

— El *hierro* es un componente de los glóbulos rojos, y su función consiste en capacitar a la sangre para transportar el oxígeno hasta las células que lo necesiten. Se encuentra en: garbanzos, perejil, judías blancas, lentejas, guisantes, almendras, avellanas, higos secos, uvas pasas, calamares, pulpo, sepia, hígados de mamíferos...

— El *calcio* es necesario para la formación de los huesos, funcionamiento de los músculos y coagulación de la sangre; su carencia ataca al sistema nervioso. Se encuentra en: almendras, nueces, avellanas, queso, huevos, higos secos, leche, garbanzos, acelgas, perejil, calamares, percebes, quisquillas...

FIGURA 10.4. No hacer comidas copiosas si después se ha de estudiar.

— El *fósforo:* su función está ligada a la del calcio en el transporte de energías y es importantísimo para el cerebro, que lo consume en grandes cantidades. Se encuentra en: garbanzos, guisantes, habas, judías blancas, lentejas, almendras, avellanas, anchoas, anguilas, arenques, bacalao, caballa, salmonetes, rodaballo, hígado de mamíferos...

Debes huir de las comidas copiosas que ocasionan somnolencia, producen molestias en el estómago y en el vientre y dificultan la concentración en el estudio. Lo ideal para el estudiante es realizar comidas con poca cantidad de alimentos, para favorecer la digestión, pero repitiendo la ingestión de alimentos varias veces al día.

También debes evitar las prisas y has de procurar comer despacio; así evitarás los estados de ansiedad y favorecerás la digestión de los alimentos.

6. BEBIDAS, TABACO Y DROGAS

Especial cuidado has de tener con las bebidas, el tabaco y las drogas, si quieres conservar sana y a pleno rendimiento tu memoria y tus facultades mentales.

6.1. Las bebidas

Has de procurar beber al día varios litros de agua, zumo o asimilados; así favorecerás la oxigenación del organismo y otras funciones biológicas.

a)   El alcohol

Entre las bebidas más nocivas cabe destacar todas aquellas que contengan una cantidad considerable de alcohol. Éste aminora el rendimiento físico o intelectual de quien lo ingiere, aun en pequeñas cantidades, ya que tiene como efecto primario inhibir el funcionamiento del S.N.C.

Según la opinión general, el alcohol, tomado en pequeñas dosis, es un estimulante que hace perder la timidez y da energías para la acción. Incluso se ha llegado a recomendar a los nerviosos que tomen una copita antes del examen, creyendo que así tendrán facilitada la tarea de iniciar la respuesta. ¿Qué hay de cierto en ello?

El *alcohol* produce una *inhibición* de los centros cerebrales especializados en controlar la expresión de las emociones y la acción. Por eso, cuando estos centros quedan bloqueados, se

FIGURA 10.5. Bebe al día varios litros de agua.

produce mayor locuacidad, mayor decisión y pérdida de la timidez en la expresión de emociones, sentimientos y pensamientos.

Los efectos del alcohol dependen de la cantidad ingerida, de la habituación al mismo, de si el estómago está o no en ayunas, del tiempo transcurrido entre copa y copa, etcétera. Al inicio quizá te sientas más animado; pero, a medida que aumenta la concentración de alcohol en la sangre, disminuye el grado de oxígeno en la misma y aumenta también la intoxicación del individuo, que pasa al estado de embriaguez y puede llegar a estados de inconsciencia, de coma e incluso a la muerte.

b) La cafeína

La cafeína es un componente básico de bebidas estimulantes tales como el café o el té. Tomada en pequeñas dosis (dos o tres tazas, como mucho, al día), no parece que tenga efectos negativos sobre el organismo de una persona sana; es un estimulante que mantiene más despierto, alerta y mejora el tono vital. Tomado en dosis mayores, dificulta el sueño, incrementa la irritabilidad de la persona y dificulta la concentración en el estudio y el rendimiento de la memoria.

FIGURA 10.6. No bebas más de cuatro tazas de té o de café al día.

6.2. El tabaco

Aunque los efectos del tabaco para la salud humana son muy nocivos –es una de las principales causas del cáncer de las vías respiratorias–, no está comprobado que ejerza grandes influencias negativas en el rendimiento intelectual. Si bien L. Binet demostró que, echando nicotina (uno de los componentes más peligrosos del tabaco) en un acuario, los peces olvidaban los condicionamientos aprendidos, los experimentos realizados con seres humanos no indican diferencias apreciables en el rendimiento intelectual de estudiantes fumadores y no fumadores.

En favor del tabaco se aduce que favorece la relación social y que para algunos el acto de fumar ejerce una función ansiolítica, que contribuye a disminuir su nivel de ansiedad y a concentrarles en la tarea, dejando entre calada y calada un tiempo que se aprovecha para el repaso y el afianzamiento de las huellas de la memoria.

En su contra ha de considerarse, además de los efectos perniciosos para la salud, que puede desconcentrar al alumno, vicia el aire de la habitación y disminuye la cantidad de oxígeno, por lo que debes ventilar tu habitación de vez en cuando para recuperar el oxígeno perdido.

6.3. Las drogas

Existen muchos tipos de drogas, por lo que no se debe generalizar los efectos de una determinada con respecto al rendimiento intelectual de los alumnos, aunque todas ejercen efectos nocivos para la salud y la memoria.

Las drogas psicodélicas permiten escapar de la realidad para vivir un estado alucinatorio. Estas drogas son peligrosas para el cerebro, al que terminan desequilibrando. Una de las facultades más afectadas suele ser la memoria, que se ve seriamente afectada y confunde lo real con lo imaginario.

7. Los medicamentos

En el mercado existen cientos de medicamentos que prometen mejorar la memoria y el rendimiento psíquico del alumno. ¿Qué hay de cierto en ello?

Las bases biológicas de la memoria humana todavía no se conocen bien. Tres teorías disputan su explicación: Penfield dice que la base de la memoria está en las neuronas reverberantes en cuyos circuitos ésta se guarda; Hyden piensa que se codifica químicamente en el A.R.N. del cerebro y Agranoff mantiene que el sustrato de la memoria son las moléculas proteínicas. Si la base bioquímica de la memoria todavía es desconocida, ¿como elaborar medicamentos que actúen sobre ella y la refuercen?

La inteligencia y la memoria necesitan un buen funcionamiento del sistema nervioso. Todos aquellos medicamentos que contribuyan a restablecer su correcto funcionamiento, indirectamente están potenciando el rendimiento psíquico, al quitar del medio los obstáculos que lo dificultan. Pero, ¿existen píldoras de la memoria que al ser ingeridas por individuos sanos incrementen su capacidad de recuerdo o de rendimiento psíquico? ¿Es verdad lo que anuncian algunos productos farmacológicos?

— El *ácido glutámico* parece inofensivo y ha demostrado su eficacia en graves patologías mnésicas. Se presenta sólo o asociado a vitaminas u otras sustancias.

— Los *antidepresivos* –tanto si se trata de los inhibidores de la monoaminooxidasa como de los tricíclicos o de los derivados del Prozaz– contribuyen a mejorar el rendimiento psicofísico del alumno depresivo, pero de un modo indirecto, en la medida en que son capaces de hacerle superar su depresión y volverle a un estado de normalidad. Tomados por una persona sin problemas depresivos, ésta no presentará ninguna mejora en su rendimiento psicofísico. Además, estos medicamentos tienen muchos efectos secundarios –sequedad de boca, taquicardia, hipotensión, mareos, estreñimiento, temblores, nerviosismo...– y conllevan muchos riesgos, si no se suministran bajo control médico.

— Los *ansiolíticos* también pueden mejorar indirectamente el rendimiento psicofísico del alumno al disminuir su nivel de ansiedad, angustia, tensión emocional y aminorar los ritmos biológicos, cuerpo-mente, dejando al alumno ansioso en una situación relajada más propia para la tarea de memorización pues, como es sabido, la ansiedad es uno de los peores enemigos del recuerdo.

— Los *psicotónicos y psicoestimulantes* elevan el tono vital, y ello puede posibilitar un mayor rendimiento psicofísico del alumno apático, fatigado, con estrés o que presente, en ese momento, un tono vital bajo. Entre los psicoestimulantes más conocidos cabe destacar las *anfetaminas*. Algunos estudiantes durante los exámenes finales, últimos días de preparación de oposiciones, etc., las utilizan como modo de mantener durante más tiempo el estado de vigilia. Las anfetaminas consiguen ese objetivo, pero también ocasionan errores en la percepción de los datos. Su consumo es desaconsejable porque sus efectos son efímeros y para mantenerse requieren dosis cada vez mayores, hasta llegar a la toxicidad. Además, dan lugar a muchos efectos secundarios: alucinaciones, delirios, agitación, depresiones apáticas, etc.

En conclusión: en individuos enfermos, el consumo de los fármacos recomendados puede mejorar indirectamente el rendimiento intelectual al contribuir a curar una enfermedad que estaba entorpeciendo el correcto funcionamiento de la mente. En individuos normales es más difícil elevar el rendimiento, de forma sana; por ello, el uso de cualquier medicamento ha de ser prescrito por el médico, después de analizar y conocer la problemática del individuo que solicita su ayuda.

Apéndice
Cómo realizar un trabajo escrito

INTRODUCCIÓN

La realización de trabajos escritos es una actividad cada día más frecuente, tanto en Primaria, como en Secundaria y en la Universidad, que suele encargarse al alumno para poder evaluar con mayor precisión sus conocimientos y habilidades.

La realización de trabajos se va imponiendo como tarea que se ha de exigir al alumno porque, a través de ellos, éste ejercita y desarrolla una serie de destrezas:

- Desarrolla su capacidad de *análisis*, al descomponer el problema en sus múltiples elementos.
- Ejercita la capacidad de *síntesis*, al reunir ideas provenientes de las diversas fuentes y ordenarlas de modo personal formando una unidad expositiva o argumentativa.
- Desarrolla la capacidad *crítica*, al valorar el ajustamiento de los datos a determinado criterio.

- Perfecciona la capacidad de *redacción y expresión escrita* de sus ideas.
- Despliega su *creatividad y su originalidad,* al estructurar el tema, organizar las ideas y dar su punto de vista o aportar ideas y datos nuevos.
- Desarrolla su *curiosidad,* al tener que observar atentamente la presencia y variabilidad de determinados datos, y su *capacidad de investigación,* al tener que consultar varias fuentes en busca de los puntos de interés.
- Se acostumbra a *plantearse preguntas y* a buscar vías de solución para las mismas.
- Refuerza la *asimilación y la memorización* del tema. La reelaboración de los datos y la vivencia del problema –a través de técnicas activas tales como: investigar, buscar información, formularse preguntas, buscar respuestas, ordenar y comparar datos, etc.– conducen a los mayores niveles de asimilación y de profundización en dicho tema. Por ello, lo aprendido mediante la realización de trabajos se mantiene más estable y durante más tiempo en la memoria.

Si bien es cierto que la exigencia de realizar trabajos es cada día más frecuente, las encuestas indican que no pasan de un 10 % aquellos alumnos a los que se les ha instruido previamente sobre la manera de realizarlos.

Establecer unas normas mínimas conlleva no pocas dificultades, pues el grado de exigencia depende mucho del nivel de los alumnos. No ha de tener la misma profundidad y formalidad un trabajo en Primaria, en Secundaria y en la Universidad, e incluso en ésta no se exige lo mismo en una reseña bibliográfica, en un trabajo para aprobar una asignatura, en una tesina o en una tesis doctoral donde la documentación, el análisis y la presentación formal han de rayar al máximo.

El alumno ha de realizar trabajos escritos cuanto antes. El ejercicio de esta actividad, ya desde Primaria, desarrolla casi todas las capacidades intelectuales del alumno y le facilitará la tarea cuando tenga que realizar trabajos en sus estudios posteriores.

Es muy aconsejable seguir las instrucciones del profesor que los ha exigido. Él suele indicar: fecha de entrega, bibliografía básica, extensión, temas que se han de analizar, etc. No respetar estas indicaciones supone un mal comienzo, ya que es el profesor quien ha de corregir y valorar el trabajo.

En tesinas y en tesis doctorales es muy formativo leer previamente un par de ellas para familiarizarse con la metodología de las mismas, enfrentarse con los problemas vividos por otros y aprender de su manera de solucionarlos.

A pesar de la variabilidad comentada se puede establecer, en términos generales, que en la elaboración de un trabajo se han de seguir los siguientes pasos:

— Elección del tema.
— Recopilación de la información.
— Organización de la información.
— Redacción.
— Presentación.

El presente apéndice pretende dar unas normas básicas sobre cómo ha de realizarse un trabajo escrito y, además, es un ejemplo práctico que ejecuta aquello que recomienda: índice, notas, citas, bibliografía, etc.

1. Elección del tema

Muchas veces la elección del tema no dependerá de ti. El profesor ha establecido un tema común o ha distribuido varios de ellos entre los alumnos de la clase y te ves obligado a realizar aquel que te ha caído en suerte.

Otras veces eres tú quien ha de elegir el tema; en ese caso te conviene tener en cuenta los siguientes consejos:

- Escoge, en primer lugar, el *campo amplio del trabajo;* por ejemplo, si tratará sobre España, Alemania o Rusia. Después determinarás el ámbito preciso: si has escogido España, habrás de concretar si tratará sobre cultura, arte, producción agrícola, folklore, etc. Has de saber que cuanto más centrado y restringido sea el objetivo, mejor trabajarás.

- El *tema* escogido ha de resultarte *interesante.* Ten en cuenta que has de pasar muchas horas dedicado a investigar y a pensar sobre el mismo. Si te resulta aburrido y carente de interés, tu motivación disminuirá y habrás de realizar un tremendo esfuerzo para terminarlo; pero si te interesa, lo tomarás como un pasatiempo, disfrutarás con cada nuevo descubrimiento y la labor te resultará grata.

- Las *fuentes bibliográficas* y documentales para su elaboración han de estar *a tu alcance* tanto físico como cultural. Has de poder localizar y consultar la bibliografía elegida y ésta ha de estar a tu nivel cultural para que puedas comprenderla adecuadamente.

- Es muy útil *conocer el idioma* en que están las fuentes. En los trabajos universitarios de investigación –tesina, tesis, etc.– no es suficiente el uso de traducciones: parte del material quedaría sin consultar –no suelen traducirse todas las obras de un autor– y su nivel de comprensión sería inferior al adecuado. En los trabajos universitarios habituales y en los de otros niveles educativos, sí basta con la consulta de la traducción, aunque siempre viene bien conocer el idioma original.

2. Recopilación de la información

Antes de adoptar una postura personal en defensa de determinada tesis, es necesario que te documentes sobre el tema que vas a tratar. Para ello, has de leer las principales aportaciones de los más importantes autores. Estas lecturas te proporcionarán ideas, líneas de investigación y argumentos para la demostración de tus afirmaciones.

2.1. Fuentes

La cantidad y calidad de la información que se ha de recopilar dependerá del tipo de trabajo y de la profundidad del mismo.
Las principales fuentes que se suelen tener en cuenta son:

- *Encuestas y cuestionarios.* Cuando se quiere conocer la opinión de la población sobre determinado asunto.
- *Periódicos y revistas.* Para conocer los diferentes puntos de vista de la prensa sobre una determinada cuestión actual o de la época que se esté estudiando.
- *Observación directa.* Para describir el comportamiento de animales, personas o grupos ante determinadas circunstancias.
- *La entrevista.* Para conocer la opinión de uno o varios entrevistados representativos del colectivo que se pretende estudiar.

— *El experimento*. Para controlar, según diseño previo, la presentación de determinadas variables y conocer su influjo sobre otras.
— *La revisión bibliográfica*. Necesaria en todos los trabajos para conocer la opinión de los entendidos en la materia. Consiste en resumir la bibliografía pertinente sobre el tema elegido. No es necesario leer todos los libros sobre el tema, pero sí los más significativos, con el fin de poder establecer el estado actual de la cuestión. Por ello, para realizar una ágil y eficaz revisión bibliográfica es necesario tomar nota de las indicaciones del profesor, de la opinión de los entendidos, de los comentarios de los compañeros, de los libros a los que remiten otros libros interesantes previamente consultados y, sobre todo, realizar consultas bibliográficas en la biblioteca.

La revisión bibliográfica puede resultarte muy útil porque:

- Te ayudará a definir el problema con precisión.
- Te permitirá conocer las conclusiones a las que han llegado otros investigadores y la metodología empleada.
- Te orientará en tu investigación y te permitirá darle un enfoque novedoso y original evitando que caigas en la repetición de las investigaciones ya realizadas por otros.

2.2. La consulta en la biblioteca

Todo estudiante que haya de consultar libros para sus trabajos, al no disponer de todos los necesarios, ha de aprender a utilizar una biblioteca. Allí podrá encontrar y leer los libros que necesita sobre el tema que está trabajando. Además, la mayoría de las bibliotecas realizan préstamos de libros para que se puedan llevar a casa o fotocopiar los datos que resulten necesarios. La ley prohíbe fotocopiar libros enteros porque se atenta contra los derechos de propiedad intelectual.

Una vez dentro de la biblioteca, lo primero que has de hacer es familiarizarte con su funcionamiento. Ante cualquier duda debes *consultar con el bibliotecario,* él atenderá tu solicitud de ayuda y te orientará. Sus consejos te harán ahorrar mucho tiempo, aunque has de tener en cuenta que una vez conocidos los entresijos de la biblioteca, eres tú quien ha de aprender a valerse por sí mismo.

En muchas bibliotecas la entrada es libre; basta con el carné de identidad para poder consultar sus ficheros y sacar un libro para leer allí mismo. En otras, te exigirán un carné; para su obtención has de entregar un par de fotografías y acreditar los estudios que realizas o que has realizado.

En la mayoría de las bibliotecas los libros están clasificados en ficheros siguiendo unos criterios de clasificación universales. Las principales formas de clasificación son las siguientes:

a)   Fichero por materias

Cuando se acude a una biblioteca para iniciar un trabajo, lo normal es que la bibliografía todavía esté por elaborar. Por ello, el *primer catálogo que has de consultar* es el de materias, el catálogo por autores sólo sirve para aquel que ya sabe lo que quiere y va directamente a ello.

Si no vas con la bibliografía elaborada, lo lógico es que comiences por este catálogo, él te indica todo lo que puedes encontrar en la biblioteca sobre la materia consultada.

En estas fichas la clasificación responde al orden alfabético de las *palabras-clave*. Por ejemplo, si estudias la Reconquista, palabras-clave pueden ser: reconquista, árabes, cristianos, judíos, califato, emirato, reinos de taifas, Castilla, nombres de batallas famosas, Órdenes militares, etc.

En muchas bibliotecas existen *repertorios bibliográficos* referentes a temas concretos; ellos te orientan sobre todo lo publicado en determinada materia, pero luego has de consultar los ficheros de la biblioteca para constatar si el libro elegido existe en la misma.

b) Fichero por autores

Este sistema ordena las fichas de los libros según el orden alfabético de los apellidos de los autores. En la ficha encontrarás los siguientes datos: primer apellido, segundo y nombre. Después el título de la obra, número de la edición, lugar, editorial y año de la publicación. En el renglón siguiente: número de páginas y de ilustraciones. A continuación: colección y número que tiene en la misma. Y, por último: número del D.L., del I.S.B.N. y otros datos.

Cuando el libro es de varios autores, es oportuno comenzar a buscarlo por el primero de ellos. Si no lo localizas así, ensaya con los otros autores.

En la parte superior izquierda o derecha de la ficha bibliográfica, muchas veces a lápiz, figura la signatura topográfica: signo formado por cifras, letras o una combinación de ambas, que se pone en un libro o documento, así como en su asiento bibliográfico (ficha), para indicar el lugar que ocupa en una biblioteca o archivo. Este código es el que debes poner en la hoja de pedido, sirve para que el bibliotecario localice el libro en la estantería correspondiente.

c) *Fichero de Clasificación Decimal Universal (C.D.U.)*

En este sistema de clasificación todo el saber se divide en diez grupos del 0 al 9, que es la numeración principal que figura a la izquierda. Cada uno de estos grupos se subdivide en otros diez, que es la siguiente cifra que se escribe a la derecha de la anterior. Cada uno de estos 100 grupos, a su vez, se divide en otros diez y así, sucesivamente, hasta alcanzar todos los conceptos específicos de una ciencia. Cada cifra que aparezca a la derecha de otra es una división de la misma. Así el número 59 es una división del 5 y el 591 una subdivisión del 59.

La división principal es la siguiente:

0   Obras generales.
1   Filosofía.
2   Religión. Teología.
3   Ciencias sociales.
4   --- [1]
5   Ciencias puras: Exactas y naturales.
6   Ciencias aplicadas. Medicina. Técnica.
7   Arte. Arquitectura. Fotografía. Música. Juegos. Deportes.
8   Lingüística. Filología. Literatura. Crítica literaria.
9   Geografía. Biografías. Historia.

---

1. Vacío. La Filología, que ocupaba este lugar, se ha incorporado al 8. Se están elaborando planes para ocupar el número 4 con materias de las Ciencias Biológicas.

d) Catálogo diccionario

Esta forma de clasificación ordena alfabéticamente en un solo fichero tanto las fichas por autores como las fichas por materias. Su consulta, semejante a la del fichero de autores, es muy útil, pero tiene el inconveniente de que este sistema de catalogación no está instalado en todas las bibliotecas.

e) Consulta a través del ISBN (International Standard Book Number)

El ISBN es un índice en forma de libro que anualmente publican todos los países. En él figuran todos los libros editados en ese país y que han recibido un código de la numeración internacional del libro. Se edita en tres tomos: un tomo ordena alfabéticamente los autores, otro los títulos y otro las materias.

La consulta de estos *libros-ficheros,* que suelen existir en la mayoría de las bibliotecas y en las buenas librerías, nos permite conocer qué existe publicado sobre cualquier campo temático, cuándo y por quién. Localizar el libro será una labor posterior.

f) Consulta por ordenador

Hoy ya se puede consultar el fichero del ISBN (International Standard Book Number) mediante el ordenador personal de tu casa, si estás conectado a Internet. También se puede consultar el fichero de la Biblioteca Nacional, donde se guarda un ejemplar de cada uno de los libros que se imprimen en España.

Para consultar libros raros, anteriores a 1900, también te puedes valer del Catálogo Colectivo del Patrimonio Bibliográfico Español, que te indica la cantidad de ejemplares existentes de una obra y en qué bibliotecas puedes encontrarlos.

Mediante el Google, el buscador de Internet más utilizado actualmente, podrás encontrar centenares o miles de artículos sobre una determinada temática. Por supuesto que no es necesario consultarlos todos. Un simple vistazo a los veinte primeros y la lectura de los dos o tres mejores servirán para orientarte en el trabajo. No cometas el error de copiar el artículo al pie de la letra, tu profesor también dispone de Internet y de las enciclopedias electrónicas, por lo que podrá identificar tu plagio y tu trabajo será calificado negativamente.

2.3. Las fichas

Una vez localizados y leídos los documentos, se ha de proceder a tomar nota de los mismos.

Para recoger y sistematizar la información es muy útil valerse de fichas. Existen dos modelos: la ficha bibliográfica y la de contenido.

a) La ficha bibliográfica

Como su nombre indica, sirve para tomar nota de las referencias bibliográficas de un libro. Estas fichas, luego, son muy útiles para la redacción de la bibliografía final.

Puedes ordenarlas alfabéticamente –por autores o por temas– en un fichero que puedes comprar en la papelería o fabricar tú mismo. Se separan por medio de separadores de cartón con pestañas que llevan marcada encima la letra correspondiente. Como ya se ha indicado, los principales datos que has de consignar en ellas son:

En el *anverso*:

- AUTOR. Apellidos y nombre, éste separado de los apellidos por una coma. Si son dos o tres los autores, se indican todos. Si son más de tres, basta con el primero.
- TÍTULO. También se indica el subtítulo, si lo hubiere.
- TRADUCTOR o PROLOGUISTA, si el libro ha sido traducido o tiene prólogo.
- EDITORIAL que lo ha publicado. Si pertenece a una colección, también se indica.
- CIUDAD donde se ha editado.
- AÑO de la edición y número de la misma.
- Número de PÁGINAS que tiene el libro.
- Número de ILUSTRACIONES o de fotografías.
- Número de VOLÚMENES de que consta la obra.

En el *reverso* puedes anotar:

* Temas que trata el libro.
* Tu valoración personal sobre la importancia del libro, novedad, interés, etc.
* Bibliotecas en las que puedes encontrarlo y signatura que tiene en las mismas. Estos datos facilitan su hallazgo cada vez que necesites consultarlo.

APÉNDICE. CÓMO REALIZAR UN TRABAJO ESCRITO 285

El modelo de ficha propuesto es útil para uso personal, pero no coincide exactamente con la ficha bibliográfica de las bibliotecas. Éstas reordenan algunos datos y, además, traen otros tales como: D.L., I.S.B.N., tamaño del libro, precio, número de registro, etc.

Autor: SALAS PARRILLA, Miguel

Título: Cómo aprobar oposiciones

Editorial: Alianza   **Colección:** El Libro de Bolsillo

Ciudad: Madrid   **Año:** 1993   **Edición:** 1.ª

N.º de páginas: 259   **N.º de ilustraciones:** 32   **Volúmenes:** 1

FIGURA. 1. Ficha bibliográfica (anerso).

Temas tratados: Temario. Programación del tiempo. Técnicas de estudio para opositores. Memorización. Cómo vencer el olvido. Estrategias ante los diferentes tipos de exámenes. Técnicas de relajación y concentración, etcétera.

Voloración: Interesante para todo tipo de opositores.
Muy útil para preparar oposiciones a cuerpos superiores.
Uno de los pocos libros publicados sobre el tema.

Bibliotecas: Biblioteca Nacional, Ateneo, Biblioteca de la Facultad, etc.

FIGURA. 2. Ficha bibliográfica (reverso).

b) La ficha de contenido

Para realizar tus trabajos muchas veces podrás valerte de libros, revistas o fotocopias que previamente has subrayado. Otras veces, has de tomar nota de los originales por ser libros valiosos que no se deben estropear o por pertenecer a una biblioteca o a un amigo que te los ha prestado.

En esos casos, has de tomar nota de los mismos. Puedes hacerlo de dos maneras: en tu cuaderno tamaño folio o DIN A4 de hojas cambiables o en *fichas de contenido* cuyo tamaño puede variar de acuerdo con tus necesidades y preferencias.

En el formato de la ficha cabe distinguir cabecera y cuerpo, separados habitualmente en las fichas comerciales por una o dos líneas rojas.

En el lado izquierdo de la cabecera se pone: autor, título del libro o del artículo consultado, número y título del capítulo del que se toman los datos y página o páginas que abarcan los textos citados. Si se desea poner la referencia bibliográfica completa, puede hacerse.

En la parte derecha de la cabecera puedes poner la temática amplia a que se refieren el texto o los textos de la ficha.

El cuerpo de la ficha es el lugar reservado para el texto, allí puedes poner:

—Citas textuales. Se anteponen y posponen las comillas. Después de las comillas y entre paréntesis se indica la página exacta de donde se toma el texto.
—Resumen del texto, realizado con tus propias palabras. Se han de indicar las páginas de referencia de las diferentes ideas resumidas.

—Valoración de la importancia de ese texto, ideas que te sugiere, caminos de investigación que abre, comparación con otros textos, etc.

```
Autor..............................................
Título de la obra..............................        TEMÁTICA
Capítulo.................................... y págs.
```
```
              TÍTULO DEL TEXTO
    T       E        X        T        O
    «..................................................
    ..................................................
    ..................................................
    ..................................................
    ..............................» (pág. ......)
                                              1
```

FIGURA 3. Ficha de contenido.

Es conveniente que estos textos vayan precedidos de un título que tú les pongas y que te orientará en el futuro cuando procedas a localizarlos. El título debe ser breve, ha de ir subrayado y sus letras han de ser mayúsculas.

Las fichas referidas a la misma temática o al mismo libro han de enumerarse. La numeración puede ir en la esquina superior o inferior del lado derecho.

3. Organización de la información y estructuración del trabajo

Una vez que has recopilado la mayor parte de la información, conviene organizarla con respecto a la estructura diseñada para el trabajo.
Se recomiendan para ello cinco actividades:

- *Elección de un título* para el trabajo. Esto te obliga a concretar qué es lo que quieres hacer.
- Confección del *índice* del trabajo. Éste ha de dividirse en capítulos, apartados y subapartados. Sirve para definir, cuanto antes, el ámbito del trabajo y para realizar una estructuración del mismo.
- Cuando tengas elaborado el índice, has de completarlo ordenando, en torno a sus diferentes apartados, las *fuentes bibliográficas* de referencia e indicando las páginas de los libros que te servirán para su desarrollo. Ten en cuenta que, antes de ponerte a redactar, has de releer estas fuentes para clarificar las ideas y tener los datos frescos.
- Realizar *esquemas* que desarrollen las ideas indicadas en el índice y que te servirán de guía en la redacción. Así se ve cómo se desarrollan las ideas y los lazos lógicos de dependencia de las mismas.
- Elaborar una *introducción* es muy útil para aclarar las ideas. En ella suele exponerse: cómo nació la idea, bibliografía utilizada, método de investigación seguido, dificultades encontradas, estado actual de la cuestión, aportación del trabajo al desarrollo de la misma, etc.

Tanto el índice como la introducción, que serán lo último que se termine de redactar, sufrirán modificaciones a lo largo del trabajo. Es lógico, ello prueba que el trabajo no lo gestaste de una vez, sino que se ha ido realizando poco a poco, y que la investigación ha servido para aportar datos nuevos.

Los trabajos académicos no siempre son leídos desde la primera hasta la última línea. Por ello, es muy importante que estén bien estructurados; así, ante una simple ojeada del profesor, le ofrecerán información sobre su contenido, estructura y desarrollo argumentativo. Por esta misma razón, han de tratarse con especial atención la presentación formal y las primeras y últimas páginas, que son las más inspeccionadas.

4. REDACCIÓN DEL TRABAJO

Una vez que hayas organizado los datos, a través del índice desarrollado, es hora de que comiences a redactar.

Has de comenzar redactando un *borrador*, que siga el orden establecido en el índice y desarrolle las ideas esbozadas en los esquemas. Has de hacerlo de *forma espontánea*, sin preocuparte demasiado de la gramática. Lo importante es que afloren las ideas que hay en tu mente y que su exposición tenga un hilo conductor que les dé unidad. Ya habrá tiempo para corregir los fallos y para ocuparse del estilo y de la gramática.

El primer borrador ha de redactarse de forma continuada, con el objeto de lograr unidad de estilo y coherencia expositiva.

Conviene que redactes sólo por *una cara y* que dejes márgenes y espacios en blanco para los añadidos y las correcciones posteriores.

A la hora de redactar, has de pensar en *quién va a leer el trabajo:* tu profesor, un tribunal, tú mismo, lectores variados, etc. La *terminología* que utilices ha de ajustarse a las características del destinatario.

Utiliza un *vocabulario* con palabras claras, concretas y precisas; huye de las palabras rebuscadas, abstractas y genéricas. Cuando un término se repite, ha de considerarse la oportunidad de poner un sinónimo en su lugar.

Las *frases* han de ser cortas con el fin de no desorientar al lector. No abuses de las conjunciones (y, e, o, etc.); utiliza el punto, la coma y el punto y coma. Procura redactar respetando la estructura sujeto-verbo-predicado. El hipérbaton ha de ser evitado en la medida de lo posible. Es preferible el uso de la voz activa al de la pasiva. Ten cuidado con el uso abusivo de los puntos suspensivos y con los signos de admiración; lo que quieras comunicar exprésalo con palabras.

No escribas *ideas* sueltas, *encadénalas* y establece lazos de coordinación y subordinación entre las mismas. Cada párrafo nuevo ha de expresar el desarrollo de una idea diferente.

Has de procurar que los diferentes capítulos sean tratados con una profundidad similar. No parece muy homogéneo que un capítulo tenga cinco páginas y el siguiente sesenta.

Has de procurar ser *original*. El trabajo no puede convertirse en un amasijo de citas y paráfrasis. Para ello se ha de procurar meditar en lo leído, sintetizar las ideas, después de haberlas asimilado, y elaborar una exposición donde figure el propio punto de vista ordenando las citas de modo que éstas avalen la propia postura o contrasten con ella. Las conclusiones a las que se llegue han de presentarse como deducciones lógicas, después de haber sufrido un proceso de análisis y de demostración.

Antes de proceder a una segunda redacción, conviene dejar pasar unos días para que las *ideas reposen* y se clarifiquen. Después, conviene revisar el borrador y realizar las correcciones oportunas con el fin de prepararlo para su redacción definitiva. En estas correcciones se mejora el estilo, se amplían los datos, se corrige la ortografía, etc.

La mayoría de los estudiantes está deseando terminar la redacción del trabajo para entregarlo lo antes posible. No tengas prisa, ésta redunda en una peor calidad de los trabajos y, como consecuencia, en una puntuación inferior de los mismos. Los trabajos han de *revisarse y* corregirse para mejorar el estilo, la ortografía, la ilación lógica de las ideas, etc. Ten en cuenta que el 25 % de la nota del trabajo te la juegas en estas últimas revisiones y correcciones.

Cada *nueva lectura* te aportará ideas y sugerencias nuevas que mejorarán la redacción y completarán las ideas del borrador anterior.

Es muy interesante *dejar leer el texto a un compañero,* antes de realizar la redacción definitiva; para él el texto es novedoso y detectará fallos que tú no encontrarías por haberte habituado al mismo.

Una vez efectuadas las correcciones oportunas –cuantas más mejor–, has de proceder a la *redacción final* del texto pasando a limpio el borrador corregido. Si estás trabajando con un procesador de textos, la tarea se verá enormemente reducida.

4.1. Citas y notas

Al realizar tu trabajo, a veces, te hallarás en la necesidad de citar el texto de un autor como aval de lo que dices, para comentarlo o para criticarlo. He aquí algunos consejos prácticos para hacerlo correctamente:

a) Citas

Las *citas* han de ser *fieles* y respetar íntegramente el texto aludido; éste ha de ir entrecomillado tanto al inicio como al final de la cita.
• Si no deseas transcribir una parte del texto, se indica a través de tres puntos suspensivos: (...).
• Cuando el texto que se cita tiene algún *error,* se pone tal como está y, a continuación, se indica poniendo la palabra *sic* entre paréntesis: *(sic).*

Al finalizar la cita se pone, entre *paréntesis,* el número que le corresponde y que remite a la nota numerada de pie de página, de fin de capítulo o final, donde se especifica la procedencia exacta del texto.

Si el trabajo versa sobre la obra de un *autor extranjero,* las citas deberían hacerse en el idioma original del texto, siempre que se domine dicho idioma y el trabajo tenga categoría de tesis doctoral. En trabajos de menor envergadura no es necesario ser tan exigentes.

El tamaño de la cita ha de ser razonable: no ha de ser demasiado larga; en tal caso, sería aconsejable incluirla en un apéndice.

Cada día es más frecuente agilizar las citas a través del sistema *autor-fecha,* que permite suprimir todas las notas de referencia bibliográfica. Este sistema consiste en indicar entre paréntesis en el texto: nombre y apellidos del autor, año de publicación de la obra y página de la cita. Por ejemplo (Umberto Eco, 1989:209): indica que nos referimos al libro publicado por dicho autor en el año 1989 y que el texto citado está en la página 209. Si en el mismo año el autor ha publicado varios libros que figuran en la bibliografía, entonces éstos se enumeran con letras: a, b, c... Este sistema tiene las ventajas de que aclara el texto, elimina la mayoría de las notas y, en caso de añadir nuevas citas, no obliga a rehacer todo el trabajo.

Cuando con tus propias palabras resumes las ideas de un autor y no lo citas, estás practicando una *paráfrasis*. Has de asegurarte de que las ideas referidas son paráfrasis y no citas textuales sin comillas; de lo contrario, estarías cometiendo *plagio*, un defecto demasiado habitual en trabajos, tesinas y tesis.

Has de procurar citar directamente a los autores y no a través de citas de otros; si conoces el texto a través de una cita de otro autor, debes indicarlo (texto citado por...). Los autores y los libros citados han de aparecer en la bibliografía final.

b) Notas

Las citas remiten a *notas numeradas* que pueden ir a pie de página, al final del capítulo o al final de la obra. A pie de página tienen la ventaja de que invitan a su consulta; al final del capítulo o de la obra presentan la ventaja de que el texto es más uniforme y menos engorrosa la redacción, pero tienen el inconveniente de que se consultan menos.

En la *nota* se pone la referencia bibliográfica de la cita: apellidos y nombre del autor, título de la obra y página que se cita. Cuando es la primera vez que se alude a una obra, la referencia bibliográfica ha de realizarse completa:

- Apellidos y nombre del autor. El nombre puede ponerse completo o sólo la letra inicial.
- Título de la obra. Ha de ponerse en cursiva. Si no dispones de ella, ha de subrayarse, pero nunca ha de ir entre comillas; éstas

se reservan para citar el *título de un artículo de revista,* diferenciándolo así del título de la revista, que va subrayado o en cursiva.

- Edición utilizada. Si es la primera, no se indica.
- Lugar: se indica donde se ha editado y no donde se ha impreso.
- Editorial y año de la edición.
- Página o páginas que se citan.

Los *diarios y semanarios* reciben el mismo tratamiento que las revistas. Es necesario indicar: fecha de publicación, número del ejemplar y páginas que comprende el artículo.

Cuando son *más de tres los autores* del libro, pueden citarse de varias maneras:

- Poniendo los apellidos y nombre del primer autor e indicando, a continuación *[et al.],* o su significado castellano: y otros.
- Indicando el nombre del responsable de la edición y, a continuación, entre paréntesis (ed. lit.), que significa editor literario.
- Poniendo AA.VV. (Autores Varios) en el lugar del autor.

Cuando *se repite la obra citada,* entonces se indica el autor y, a continuación, *Ibídem* (en el mismo lugar), o bien *Op. cit. (opus citatum* = obra citada).

Según Eco: «Las citas de las *fuentes primarias* se hacen, normalmente, refiriéndose a la edición crítica o a la más acreditada»[1] o, cuando menos, a las obras completas. Con *autores contemporáneos,* si hay más de una edición de la obra, se debería citar, si es posible:

---

1. Eco, Umberto. *Cómo se hace una tesis.* México, Gedisa, 1989, pág. 190.

- La *primera edición,* cuando las siguientes reimpresiones no aporten datos nuevos.
- La *última,* si contiene revisiones y añadidos.

No todas las notas a pie de página responden a citas bibliográficas. A veces se utilizan para realizar comentarios, ampliar datos, corregir afirmaciones, plantear objeciones o hacer referencias internas.

4.2. Bibliografía y fuentes documentales

Todos los trabajos han de ser concluidos con una bibliografía que indique a quien la maneje qué libros y fuentes documentales han sido consultados.

Esta bibliografía ha de elaborarse respetando las normas usuales de la comunidad científica internacional. Los datos que han de tenerse en cuenta son los siguientes:

> **APELLIDOS, Nombre.** *Título.* **Edición. Lugar, editorial, año. Número de páginas.**

— Apellidos y nombre del autor.
— Título del libro.
— Edición utilizada. Si es la primera, no se indica.
— Lugar donde se ha editado.
— Editorial que lo ha publicado.
— Año de edición de la obra utilizada.
— Número de páginas del libro. Este dato no es obligatorio consignarlo.

—En los artículos de revista el título del artículo va entre comillas y el título de la revista subrayado o en cursiva. Además, se ha de indicar el número y la fecha de la revista y el número de páginas que comprende el artículo referido.

Estos datos han de buscarse en la parte posterior de la primera página, al lado del copyright.

Cuando son *más de tres los autores* del libro, se cita *al primero y*, a continuación, se pone *[et al.]=* y otros. También se puede citar por el editor literario de la obra indicándolo así (ed. lit.) o por el director en enciclopedias y colecciones (dir.).

Cuando se ha citado a través del método *autor-fecha,* el año de la edición se suele poner de una de estas dos formas:

a) Entre paréntesis, a continuación del autor:
Vega, Manuel de (1992). *Introducción a la psicología cognitiva.* 5.ª reimp. Madrid, Alianza Editorial. 562 págs.

b) Para que pueda identificarse con claridad, en el inicio de la 2.ª línea se indica el año de la primera edición y, en el lugar correspondiente, el de la edición utilizada:
Vega, Manuel de la. *Introducción a la psicología cognitiva.* 1984 5.ª reimp. Madrid, Alianza Editorial, 1992. 562 páginas.

La clasificación bibliográfica ha de realizarse por orden alfabético, según los apellidos de los autores. Cuando un autor tenga varias obras, éstas se ordenan por el orden cronológico de publicación o por el orden alfabético de los títulos.

5. Presentación

Procura que la presentación del trabajo sea correcta y cuidada. Así causará una impresión favorable al profesor que lo ha de corregir y obtendrás una mejor calificación. ¿Cuántos alumnos ven disminuida la nota de sus trabajos a causa de una descuidada presentación de los mismos?

Se ha de escribir con *letra clara y* legible; evítense las tachaduras, los borrones y las llamadas para añadir información de última hora. Lo habitual, hoy día, es presentar los trabajos escritos mediante un procesador de textos. Se ha de procurar escribir a doble espacio y reservar el triple para el inicio de párrafo nuevo.

En cada hoja escribe por una sola cara y procura guardar los *márgenes* recomendados: 3,5 cm a la izquierda y arriba, 2,5 a la derecha y 3 abajo (M. Álvarez, 1988:188); o bien 3,9 cm a la izquierda, 4 arriba y 2,5 a la derecha y abajo (A. Zubizarreta, 1983:184). Si trabajas con un procesador de textos, puedes utilizar los márgenes que trae el programa por defecto o modificarlos según lo indicado.

Los dibujos y las fotografías han de ser ubicados oportunamente y han de ir acompañados de un pie explicativo.

Para destacar y *diferenciar los enunciados* principales de los secundarios, has de usar letras mayúsculas, subrayados, colores o enumeraciones.

Has de cuidar la ortografía y el estilo. Procura utilizar frases cortas; son más fáciles de seguir y no inducen a la confusión o a la ambigüedad.

—En la primera página o portada ha de figurar la siguiente información:
- Título del trabajo.
- Asignatura para la que se ha elaborado.
- Profesor que ha encargado el trabajo.
- Nombre del alumno.
- Clase a la que pertenece y número que ocupa en la misma.
- Lugar y fecha de redacción.

—En la segunda página va el *índice*. Éste desmenuza los diferentes capítulos en apartados y subapartados e indica las páginas donde están situados. Sirve para dar una orientación general de la estructura del trabajo.

—A continuación, figura el *desarrollo del trabajo*. Ten en cuenta que éste consta de introducción, desarrollo y conclusiones.

—Las *referencias bibliográficas y* notas de las citas, a veces, en lugar de ir a pie de página van en un apartado especial, antes de la bibliografía.

—Al final va la *bibliografía* consultada, en ella se ordenan los autores referidos según el orden alfabético de sus apellidos.

—El trabajo se debe concluir con una *última página en blanco*. Es ésta una página de cortesía que en los trabajos no encuadernados sirve de tapa y evita que se claree la escritura de la página anterior.

TÍTULO DEL TRABAJO

Trabajo de:
Profesor:
Alumno:
Curso y número:

Lugar y fecha

FIGURA 4. Portada del trabajo.

FIGURA 5. Modelo de hoja escrita con márgenes.

Bibliografía

ACOSTA GARRIDO, M.ª L. *Aprender discurriendo: técnicas científicas de desarrollo mental y de estudio.* Madrid, Paraninfo, 1987.
ADAMS. *Curso Adams técnicas de estudio.* Madrid, Adams, 1986.
ADUNA MONDRAGÓN, A. P. *Curso de hábitos de estudio y autocontrol.* México, Trillas, 1985.
AGUACLARA (Equipo). *Cómo estudiar. Agenda del estudiante.* Alicante, Aguaclara, 1984.
AJASSON DE GRANDSAGNE, J. B. F. *Manual del arte de estudiar con fruto, o sea, guía del que quiere instruir y utilizar la memoria y el tiempo.* 3.ª ed. Madrid, Carlos Bailly Bailliere, 1871.
— *Cómo estudiar con éxito.* México, Editores Mexicanos Reunidos, 1982.
ALBERICIO MARIANA, J. J. *Técnicas del trabajo escolar.* Zaragoza, Edelvives, 1983.
ALONSO ÁLVAREZ, A. *Curso práctico sobre técnicas de estudio.* León, El autor, 1985.
— *Manual de técnicas de estudio.* León, Everest, 1991.
ÁLVAREZ, M. y otros, *Métodos de estudio.* Barcelona, Martínez Roca, 1988.
ALLIPRANDI, J. R. *Cómo superar los exámenes.* Barcelona, De Vecchi, 1972.
ANTOGNAZZA, *El placer de estudiar.* Buenos Aires, I.P.P.E.M., 1983.
ARNAL AGUSTÍN, J. *Cómo estudiar.* Barcelona, El autor, 1979.
— *Estudiar y aprender. El estudio en imágenes.* Barcelona, El autor, 1979.

Asensio, M. *55 test para pruebas de selección y concursos o cómo divertirse estudiando*. Madrid, Ibérico Europea, 1983.

Atencia Páez, J. M.ª. *Método de estudio, consejos prácticos*. Málaga, Ágora, 1989.

Baeza López, J. *Métodos de estudio, manual de aplicación del I.M.E.* Valladolid, Miñón, 1981.

Balbuena Castellano, L. *Cómo realizar el acto de estudiar las matemáticas*. Santa Cruz de Tenerife, Sociedad Canaria de Profesores de Matemáticas, 1982.

Barreza de la Torre, P. *Recursos para estudiosos*. Maracaibo, Universidad de Zulia, 1965.

Benedito Antoli, V. *Métodos de estudio*. Esplugas de Llobregat (Barcelona), Círculo Editor Universo, 1977.

Beyer, G. *Aprendizaje creativo*. Bilbao, Mensajero, 1985.

Blay, M. *Técnica de estudio*. Valencia, El autor, 1987.

Bleifarber, F. *La mejor manera de estudiar*. Buenos Aires, Tres Américas, 1966.

Bosquet, R. *Cómo estudiar con provecho*. Madrid, Ibérico Europea de Ediciones, 1973.

Brown, W. *Guía del estudio efectivo*. México, Trillas, 1975.

Brunet Gutiérrez, J. J. *Técnicas de estudio*. (Curso práctico.) Madrid, Bruño, 1980.

— *Cómo programar las técnicas de estudio en E.G.B*. Madrid, San Pío X, 1985.

Buzan, T. *Cómo utilizar su mente con máximo rendimiento*. Bilbao, Deusto, 1987.

Cabrera, C. *Cómo leer, estudiar y memorizar rápidamente*. Madrid, Playor, 1981.

Cañas, J. L. *Ayudar a auto-estudiar*. Madrid, Narcea, 1989.

Carlos Gómez, P. y otros. *Manual de T.T.I.* Madrid, Eos, 1991.

Carman, R. A. *Habilidad para estudiar*. México, Limusa, 1976.

Carreño, P. A. *Estudiar ≠ aburrirse: entrenamiento para el estudio*. Madrid, Rialp, 1976.

Castillo Arredondo, S. *Agenda escolar del alumno*. Madrid, Promoción educativa, 1982.

Castillo Ceballos, G. *Aprende a estudiar*. Madrid, Palabra, 1987.

— *¿Sabemos aprender?* Madrid, Magisterio Español, 1976.
— *La metodología del estudio en los centros educativos.* Pamplona, EUNSA, 1979.
— *Los padres y los estudios de sus hijos.* Pamplona, EUNSA, 1991.
CAUDE, R. *Cómo canalizar un problema.* Madrid, Ibérico Europea de Ediciones, 1969.
CENEBAD. *Técnicas de estudio.* Madrid, M.E.C., 1989.
CEVE. *Técnicas para estudiar, aprender, saber.* Madrid, Centro Velázquez, 1979.
CLOUGH, E. *Técnica de estudio y de examen.* Madrid, Pirámide, 1988.
COLEGIO SAGRADO CORAZÓN. *Técnicas de estudio.* Tarifa (Las Palmas), Colegio Sagrado Corazón, 1985.
COLL-VINENT, R. *Introducción a la metodología del estudio.* Barcelona, Mitre, 1984.
CORZO, J. M. *Técnicas de trabajo intelectual.* Salamanca, Anaya, 1973.
COUNSELING (Equipo). *Aprendiendo a estudiar.* Barcelona, EDUNSA, 1990.
— (Cooperativa). *Aprende a estudiar.* Barcelona, Tibidabo, 1988.
CUENCA ESTEBAN, F. *Cómo estudiar con eficacia.* Madrid, Escuela Española, 1987.
CHÁVEZ MAURY, A. *Cómo estudian los que triunfan.* México, Edamex, 1987.
CHERRAIL MARTÍN, F. M. *Técnicas de estudio.* Madrid, M.E.C. (Subdirección General de Educación a Distancia), 1988.
CHICO GONZÁLEZ, P. *Estudiar con eficacia.* Burgos, Bujedo, 1981.
— *Técnicas de estudio.* Burgos, Bujedo, 1981.
DÍEZ FERNÁNDEZ, E. *Aprenda a estudiar.* Madrid, ICCE, 1988.
DOMÉNECH ZORZONA, J. L. *La práctica del estudio.* Valencia, L'Esquer, 1988.
DURÁN MARTÍN, C., y FERNÁNDEZ MAMBRILLA, S. *Aprendiendo a estudiar.* Madrid, Barrero, 1981.
DURO MARTÍN, A. *Curso de orientación sobre estructuración del ambiente para estudiar.* Madrid, Salgisa-Academos, 1986.
— *Curso de orientación sobre el control de los procesos de aprendizaje.* Madrid, Salgisa-Academos, 1986.
— *Curso de orientación sobre sistematización de tareas materiales escolares.* Madrid, Salgisa-Academos, 1986.

— *Curso de orientación sobre autoprogramación del tiempo de estudio.* Madrid, Salgisa-Academos, 1986.

Eco, U. *Cómo se hace una tesis.* (Técnicas y procedimientos de investigación, estudio y escritura.) 11.ª reimp. México, Gedisa, 1989.

Echegaray de Juárez, E. *Enseñando a aprender con estudio dirigido.* Buenos Aires, Kapelusz, 1974.

Enríquez de Corbia, S. *Aprender a saber.* México, Diana, 1988.

EPOE (Equipo de Promoción y Orientación Educativa). *Técnicas de estudio: documento de apoyo al profesorado.* Córdoba, Diputación Provincial de Córdoba, 1985.

Fenker Richar, M. *Cómo estudiar y aprender más y mejor en menos tiempo.* Madrid, Edaf, 1987.

Fernández Iglesias, J. J. *Método láser: una ayuda para el estudio.* 2.ª ed. Madrid, Asociación Cultural Nadir, 1988.

Fernández Magdalena, A. L. *Cómo preparar oposiciones.* Madrid, Pirámide, 1989.

Flórez González, J. *Técnicas de trabajo intelectual.* Salamanca, ICE de la Universidad de Salamanca, 1975.

Flory, J. *Sencillos consejos para estudiar.* Madrid, Studium, 1973.

Frutos Costes, E. *El querer y el saber estudiar.* Madrid, Revista Calasancia, 1957.

García Carbonell, R. *Estudiemos sin esfuerzo.* Madrid, Edaf, 1988.

García Durántez, J. A. *Método de estudio.* Palencia, Gráficas Diario Día, 1975.

García Madruga, J. A. *Técnicas de estudio: curso de acceso directo.* 3.ª ed. Madrid, U.N.E.D., 1981.

García Megía, A. *¡Estudiar!, pero ¡si es muy fácil!* Almería, Colectivo Didáctico Almería, 1984.

García Pérez Eladio, M. *Programa de entrenamiento en técnicas y hábitos de estudio.* Alcalá de Henares (Madrid), Árbol, 1987.

García Vidal, J., y González Manjón, M. *Manual para la confección de programas de desarrollo personal.* Madrid, Eos, 1989.

Gastón Hernández, S. *El éxito en tus estudios.* México, Trillas, 1980.

Gauquelin, F. *Aprende a aprender.* Bilbao, Mensajero, 1976.

Gavín, M. J. *Técnicas de trabajo intelectual.* Barcelona, GECSA, 1968.

Gobierno Vasco. *Técnicas de trabajo intelectual.* País Vasco, 1985.

GÓMEZ, F. *Aprende a estudiar.* Madrid, Bruño, 1970.
GÓMEZ R. DE CASTRO, F. *Aprende a estudiar.* Madrid, Gufisa, 1970.
GONZÁLEZ PASTOR, C. *Aprender a estudiar.* La Coruña, Euringra, 1991.
GORTÁZAR ECHEVARRÍA, G. *Cómo estudiar Historia.* Barcelona, Vicens-Vives, 1986.
GUERRA, H. *Cómo estudiar hoy.* Madrid, Marsiega, 1976.
GUINERY, M. *Aprender a estudiar.* 7.ª ed. Barcelona, Fontanella, 1988.
GUITTON, J. *El trabajo intelectual.* Buenos Aires, Criterio, 1965.
HERNÁNDEZ DÍAZ, F. *Métodos y técnicas de estudio en la Universidad.* Bogotá, McGraw Hill, 1988.
HERNÁNDEZ HERNÁNDEZ, P., y GARCÍA GARCÍA, L. A. *Psicología del estudio.* Madrid, Pirámide, 1991.
HERNÁNDEZ MIGUEL, L. *Técnicas de estudio en Educación Secundaria.* Alicante, Disgrafos, 1991.
HERNÁNDEZ PINA, F. *Técnicas para estudiar con eficacia.* Barcelona, P.P.U., 1987.
HERNÁNDEZ SANTIAGO, R. G. *El éxito en los estudios. Orientaciones en el aprendizaje.* México, Trillas, 1980.
HERROZ LEÓN, G. *El arte de aprender a estudiar.* México, Trillas, 1988.
HOFFBECK, G. *Cómo tomar apuntes.* Bilbao, Deusto, 1988.
HOWE, A. *Cómo estudiar.* Bilbao, Deusto, 1988.
IBÁÑEZ BENET, R. *Eficacia en el estudio.* Madrid, Anaya, 1983.
IBÁÑEZ GIL, J. *¿Cómo estudiar? Revisión personal del método de estudio.* Valencia, Vikingo, 1972.
IBÁÑEZ LÓPEZ, P. *Aprenda a estudiar.* 3.ª ed. Valladolid, Lex Nova, 1983.
ILLUECA VALERO, L. *Cómo enseñar a estudiar a nuestros hijos.* Bilbao, Banco de Vizcaya, 1967.
— *Cómo enseñar a estudiar.* Madrid, Magisterio Español, 1972.
ISRAEL, M. *Learnitron: lectura y aprendizaje eficiente.* Barcelona, CEAC, 1983.
JIMÉNEZ RODRÍGUEZ, F. *Aprender a aprender: técnicas de estudio para bachilleres.* Salamanca, El autor, 1976.
JOHNSON, S. *El profesor al minuto: cómo enseñar a los demás a enseñarse a sí mismos.* Barcelona, Grijalbo, 1987.
KAMPMÜLLER, O. *Cómo obtener éxito en el estudio.* Buenos Aires, Kapelusz, 1977.

KETELE, R. de, y otros. *Cuestión(es) de método*. Pamplona, EUNSA, 1991.
KNOWLES, M. *El estudio autodirigido*. México, Alhambra, 1982.
KORNHAUSER, A. *El arte de aprender a estudiar*. 10.ª ed. Barcelona, Iberia, 1979.
KRELL, H. *Curso práctico de método de estudio: memoria, concentración y audiencia*. Madrid, I.L.E.U.M. (Instituto de Lectura Veloz, Estudio y Memoria), 1974.
KUEN, A. *Cómo estudiar: métodos de trabajo intelectual*. Terrasa (Barcelona), Clie, 1991.
LARA GUERRERO, J. *Técnicas de estudio y rendimiento académico*. Granada, Impredisur, 1992.
LASSO DE LA VEGA, J. *El trabajo intelectual. Normas técnicas y ejercicios*. Madrid, Paraninfo, 1975.
LASTERRA, J. *Estrategias para estudiar*. Madrid, Alhambra, 1989.
LEITNER, S. *Así se aprende: Psicología del aprendizaje camino al éxito*. Barcelona, Herder, 1973.
LELOTTE, F. *Para estudiar mejor. Orientaciones prácticas*. Salamanca, Sígueme, 1964.
LEMAITRE, P. *Técnicas para saber aprender*. Bilbao, Deusto, 1987.
LOPEGANDÍA DE JEZA, O. *Actitudes y hábitos de estudio*. Santiago de Chile, Editorial Universitaria, 1966.
MADDOX, H. *Cómo estudiar*. 8.ª ed. Barcelona, Oikos-Tau, 1979.
MAHILLO MONTE, J. *¿Sabes estudiar?: técnicas de estudio para sacar mejores notas*. Pamplona, El autor, 1992.
MAQUEDA LÓPEZ, M. A. *Hábitos de estudio: diagnóstico, formación y corrección*. Vitoria, El autor, 1978.
MARTÍN CALPENA, M. *Vivencias y modo de estudiar*. Granada, Gráficas Rafra, 1972.
MARTÍN CRESPO, A. *Técnicas de preparación de las oposiciones*. Oviedo, Toga, 1979.
MARTÍNEZ CABALLERO, A. *Curso práctico de técnicas de estudio*. Granada, Census Centro de Estudios, 1984.
MARTÍNEZ CAPARRÓS, J. O. *Método J. O. M. C. estudio-tiempo*. Lorca (Murcia), Gráficas Serrahima, 1982.
MARTÍNEZ MAYA, J. *Psicología y técnicas de estudio*. Murcia, El autor, 1984.
MAYO, W. J. *Cómo leer, estudiar y memorizar rápidamente*. Madrid, Playor, 1987.

— *Cómo estudiar y no olvidar lo aprendido.* Madrid, Playor, 1989.
Mayorca, J. M. *La liberación por el estudio.* Madrid, Gráfica Internacional, 1981.
Meenes, M. *Cómo estudiar para aprender.* Buenos Aires, Paidós, 1973.
Michel, G. *Aprende a estudiar.* México, Trillas, 1979.
Mirá y López, E. *Cómo estudiar y cómo comprender.* Buenos Aires, Kapelusz, 1967.
Molina Cano, E. *Metodología del estudio. Cómo aprender a estudiar.* Murcia, Ateneo, 1973.
Monterde Mainar, F. *Aprende cuanto antes a estudiar.* (Curso práctico de técnicas de estudio.) Barcelona, Surco, 1987.
— *Guía práctica de técnicas de estudio.* Barcelona, P. P. U., 1989.
Moral de las Heras, C. *¿Sabes leer: sabes estudiar?* Madrid, Fomento de Bibliotecas, 1984.
Morales Sánchez, Víctor. *Técnicas de estudio. Orientaciones para estudiantes de Educación Media y Educación Superior.* 6.ª ed. Caracas, Nueva América, 1980.
Moreno Rodríguez, M. C. *Técnicas de trabajo inteletual.* Cuenca, CEP de Cuenca, 1989.
Morgan Clifford, T. *Cómo estudiar.* Madrid, Magisterio Español, 1972.
Muñoz Ortega, G. *Técnicas de trabajo intelectual.* 2.ª ed. Madrid, Escuela Española, 1984.
Nisbert, J., y Schuksmith, J. *Estrategias de aprendizaje.* Madrid, Santillana, 1987.
Novak Josepf, D., y Gowin, D. B. *Aprendiendo a aprender.* Barcelona, Martínez Roca, 1988.
Obiols, G. A. *Cómo estudiar.* Buenos Aires, 1980.
Ontza, J. *Saber estudiar.* 5.ª ed. Bilbao, Mensajero, 1987.
Orgaz Fernández, L. *Técnicas de estudio.* Toledo, El autor, 1988.
Orr, F. *Cómo triunfar en los exámenes.* Bilbao, Deusto, 1990.
Ortega Muñoz, J. F. *Técnicas de estudio e investigación.* Málaga, Universidad de Málaga, 1981.
Ostrander, S. *Super-aprendizaje.* Barcelona, Grijalbo, 1987.
Pallarés Molíns, E. *Didáctica del estudio y de las técnicas de trabajo intelectual.* Bilbao, Mensajero, 1987.

— *Mejora tu modo de estudiar.* 5.ª ed. Bilbao, Mensajero, 1987.
PALLERO GARCÍA, S. *La entrada en la universidad.* Madrid, Narcea, 1975.
— *Para los padres, por los hijos, sobre el estudio.* Madrid, El autor, 1985.
— *Aprender a estudiar.* Madrid, Caja de Ahorros de Madrid, 1981.
PARSONS, C. *Cómo estudiar con eficacia.* 5.ª reimp. Madrid, Cincel, 1986.
PECOLLO, J.-Y. *Cómo preparar los exámenes y las oposiciones con la sofrología.* Bilbao, Mensajero, 1991.
PEREIRA MOURE, M. *Técnicas de estudio.* Madrid, Adams, 1986.
— *Técnicas de estudio y examen.* Madrid, Ediciones Valbuena, 1989.
PÉREZ ANGUAS, M. I. *Manual de técnicas de estudio para el opositor.* Zaragoza, Mira Editores, 1992.
PÉREZ SESÉ, M. *¡Así se estudia!* Valencia, Gráficas El Micalet, 1972.
PIATELLI-PALMARINI, M. *Las ganas de estudiar: cómo conseguirlas y disfrutar con ellas.* Barcelona, Crítica, 1992.
PIZARRO SORANDO, R. *Cómo estudiar química.* Barcelona, Vicens-Vives, 1992.
PONT ALFONSO, R. *¿Cómo estudiar?* Tarragona, El autor, 1985.
PONT, C. *¿Cómo estudiar fácil y obtener éxito?* Gerona, A. Alonso, 1979.
PÓZAR, F. F. *Inventario de hábitos de estudio.* Madrid, Tea, 1985.
PREVOST, M. *El arte de aprender.* Buenos Aires, Espasa-Calpe, 1947.
RAMOS HUETE, J. *Técnicas de estudio para adultos.* Barcelona, Grupo Imprenta «Escola d'Arts i Oficis», 1983.
RANDOR, L. W. *Arte y técnica del estudio.* Barcelona, Instituto de Psicología Práctica, 1966.
RHODES, M. *Cómo estudiar con provecho.* Buenos Aires, Lidium, 1984.
RIART I VENDRELL, J. *Las técnicas del tiempo de estudio personal: guía de estudio para estudiantes de 13 a 16 años.* Barcelona, Oikos-Tau, 1984.
RICO VERCHER, M. *El trabajador autónomo: su organización y programación.* Madrid, Escuela Española, 1986.
RODRÍGUEZ, J. L. *Técnicas de trabajo intelectual.* Madrid, Didascalia, 1977.
RODRÍGUEZ CORPS, E. *Programa-guía para mejorar los hábitos y técnicas de estudio.* Valencia, Promolibro, 1991.
RODRÍGUEZ LUZÁRRAGA, J. *Las técnicas de estudio.* Bilbao, EDISON, 1987.
ROJAS RAMOS, A. *¿Estudias así?* Valladolid, Colegio Sagrada Familia, 1981.
ROMANO, D. *Elementos y técnica del trabajo científico.* 8.ª ed. Barcelona, Teide, 1987.

ROMERO, J., y otros. *Curso de orientación universitaria.* Madrid, Playor, 1976.
ROTGER AMENGUAL, Bartolomé. *Las técnicas de estudio en los programas escolares.* 5.ª reimp. Madrid, Cincel, 1987.
ROWNTREE, D. *Aprende a estudiar.* 6.ª ed. Barcelona, Herder, 1987.
RUBIO y BELLVÉ, M. *Arte de estudiar.* Barcelona, Barna, 1968.
RUIZ CASTRO, J. *El método láser: técnica para un estudio eficiente.* Úbeda, El autor, 1981.
RUIZ PÉREZ, A. *Técnicas de estudio y de trabajo intelectual.* Miranda de Ebro, COPRE, 1986.
SAAVEDRA ESTEBAN, J. J. *Técnicas para progresar en el estudio.* Madrid, Escuela Española, 1987.
SÁNCHEZ ORTEGA, A. *Guía del estudio en E.G.B.* Murcia, El autor, 1986.
SALAS PARRILLA, M. *Curso de técnicas de estudio.* Madrid, El autor, 1991.
— *Cómo aprobar oposiciones.* Madrid, Alianza Editorial, 1993.
— *Cómo preparar exámenes con eficacia.* Madrid, Alianza Editorial, 1996.
SÁNCHEZ, M. L. *Cómo estudiar.* Madrid, Granada, E y D. S. A. 1991.
SCHELLING, F. *Lecciones sobre el método de los estudios académicos.* Madrid, Editora Nacional, 1984.
SELMES, I. P. *La mejora de las habilidades para el estudio.* Barcelona, Paidós-MEC, 1988.
SERAFINI, M. T. *Cómo estudiar.* Barcelona, Paidós, 1991.
SHAW, H. *Cómo lograr mejores calificaciones. 30 sugerencias.* México, McGraw-Hill, 1980.
SPRINGER SALLY, P. y DEUSCH, G. *Cerebro izquierdo, cerebro derecho.* Madrid, Alianza Editorial, 1988.
STATON, T. F. *Cómo estudiar.* 27.ª reimp. México, Trillas, 1984.
TIERNO JIMÉNEZ, B. *Aprende a estudiar con Ya.* Madrid, Edica, 1989.
— *Cómo estudiar con éxito.* Madrid, Plaza Joven, 1988.
— *Técnicas de estudio.* Madrid, Jepssen Formación, 1991.
TORRE TOMÁS, M. C. de la, *Técnicas de estudio.* 8.ª ed. Salamanca, Anaya, 1989.
TORT GAVÍN, A. *Dinámica y técnica del estudio.* Madrid, ICCE, 1973.
TOURÓN, J. *Métodos de estudio en la Universidad.* Pamplona, EUNSA, 1989.
UBIETO ARTETA, A. *Técnicas básicas para el estudio.* Zaragoza, I.C.E. 1981.

UNED. *Técnicas de estudio.* 4.ª ed. Madrid, U.N.E.D., 1988.
Universidad Politécnica de Madrid. *Técnicas de estudio individual.* Madrid, Universidad Politécnica, 1978.
VADILLO, L. *¿Sabes estudiar?* Madrid, PPC, 1963.
VALLÉS ARÁNDIGA, A. *Cómo estudiar.* Madrid, CEPE, 1986.
— *Técnicas de estudio.* Valencia, Promolibro, 1989.
VALLS SERRANO, V. *Así se estudia: métodos y reglas prácticas para estudiar.* Castellón, I.P.E., 1986.
VÁZQUEZ G. *Técnicas de trabajo en la Universidad.* Pamplona, EUNSA, 1975.
VERLEE WILLIAMS, L. *Aprender con todo el cerebro.* Barcelona, Martínez Roca, 1987.
VILLARREAL GONZÁLEZ, F. *Estudiantes triunfadores. Un método para estudiar.* México, Limusa, 1977.
YELA, M. *Psicología del estudio.* Madrid, Facultad de Filosofía y Letras, 1968.
YUSTE HERNÁNDEZ, C. *Cómo estudiar.* Madrid, CEPE, 1986.
— *Cuestionario de estudio y trabajo intelectual.* Nivel Superior. Madrid, CEPE, 1987.
ZAINQUI, J. M. *Cómo estudiar sin cansancio.* Barcelona, De Vecchi, 1973.
ZUBIZARRETA GARCÍA, A. F. *La aventura del trabajo intelectual.* (Cómo estudiar y cómo investigar.) Bogotá, Fondo Educativo Interamericano, 1969.